NATIONALES AUTOMOBILMUSEUM
SAMMLUNG SCHLUMPF - MULHOUSE - 500 LEGENDÄRE AUTOMOBILE

Die großartigsten Autos des Jahrhunderts

74 nie zuvor erzählte Geschichten

EDITIONS BELLES TERRES

Inhalt

Erster Teil

Das Automobilmuseum Mulhouse: 500 legendäre Autos

- Einleitung:
  Entdecken Sie einen fabelhaften Schatz   6

- Erstaunliche Geschichte der sich kreuzenden Wege dreier Männer   8
- Eine einzigartige Sammlung   10
- Die Restaurierungswerkstatt   12
- Kulturelle Aktivitäten   13

- Ausbauprojekt   15
- Modernes Management   16

Zweiter Teil

Die außergewöhnliche Geschichte von 74 Traumwagen

(in alphabetischer Reihenfolge)

Alfa Romeo	18
Bugatti	24
Citroën	32
De Dion-Bouton	38
Ferrari	44

INHALT

GORDINI	52
HISPANO SUIZA	58
MASERATI	64
MERCEDES	80
PANHARD & LEVASSOR	88
PEUGEOT	96
RENAULT	104
ROLLS ROYCE	112
AUSNAHMEAUTOS	120
- Index der 74 Fahrzeuge	138
- Internationaler Freundeskreis des Museums	140
- Partner und Förderer	143

MITTELTEIL

Praktischer Führer durchs Museum

- Was Sie schon immer über das Museum wissen wollten	68
- Gesamtplan	70
- Die 500 legendären Automobile der Sammlung Schlumpf	72

Gesamtplan des Museums auf S. 70-71

Vorwort von Jean Panhard

Geteilte Autobegeisterung

Alle, bekannt oder unbekannt, die an der Entwicklung des Automobils aktiv mitwirkten, konnten dabei eine große Leidenschaft intensiv ausleben.

Die größten Erfinder, Ingenieure, Techniker, Rennfahrer, Konstrukteure und Unternehmer dieses Bereichs hinterließen ihre Spuren in unser aller Geschichte. Viele von ihnen sind mit ihren Schöpfungen oder mit Berichten von ihren Erfolgen im Museum vertreten.

Dieser lebendige, farbige Führer macht Sie vertraut mit eindrucksvollen Persönlichkeiten wie Ettore Bugatti, Enzo Ferrari, Amédée Gordini, René Panhard, Émile Levassor oder Armand Peugeot und großen Rennfahrern wie Juan Manuel Fangio, Rudolf Caracciola, Alberto Ascari und vielen anderen.

Zahlreiche Anekdoten illustrieren das aufregende Leben jener Männer, die zur Entstehung und Weiterentwicklung des Autos in allen seinen Formen beitrugen.

VORWORT

Häufig ergibt sich erst aus lauter kleinen Geschichten „die" Geschichte, und ein modernes Museum ist gehalten, jene besonderen Momente im Leben derer zu vermitteln, auf die die Augen ganzer Generationen gerichtet waren.

Da meine Familie an den Anfängen des Automobilbaus mitwirkte, hängt sie sehr an diesem reichen technischen und industriellen Erbe. So kommt es, dass ich mich schon seit 1978 an allen nur denkbaren Aktionen zur Rettung der Sammlung des Museums Mulhouse beteilige, einer der schönsten der Welt, die auch mit der gleichen Hingabe zusammengestellt wurde.

Im Moment wird das Museum erheblich ausgebaut und modernisiert, um seine wundervolle Sammlung und das dahinter steckende Know-how noch wirkungsvoller präsentieren zu können. Es wird so zu einem wichtigen Partner für alle, die auf verschiedenste Weise mit dem Auto zu tun haben.

Diese Bemühungen, das Museum noch attraktiver zu gestalten, wird der Besucher ganz sicher zu schätzen wissen.

Darum möchte ich den Leser einladen, sich von der Begeisterung anstecken zu lassen, die uns selber ständig antreibt.

Jean PANHARD

Ehrenvorsitzender von:
Firma Panhard & Levassor, Automobil Club de France,
Verbandskammer Französischer Automobilhersteller und Mondiale de l'Automobile

Ehrenmitglied des Trägervereins des nationalen Automobilmuseums Mulhouse
und des Internationalen Freundeskreises des Museums

Die sechs Bugatti Royale des Museums im Jahre 1990.

Entdecken Sie einen fabelhaften Schatz

Stellen Sie sich vor: eine einzige zusammenhängende Halle von 17 000 m². Ein atemberaubender Anblick. Rhythmisch gegliedert durch 900 extravagante Straßenlaternen. Ein großartiger Raum für eine unvergleichliche Sammlung.

Ein einzigartiger Schatz ...

Im verblüffenden Rahmen einer 1880 erbauten ehemaligen Kammgarnspinnerei laden 500 Traumwagen Sie zu einem Spaziergang durch die Automobilgeschichte

Ferrari-Rennwagen F2 Typ 212, 1950.

von 1878 bis heute ein. Bugatti, Panhard & Levassor, Peugeot, Mercedes, Hispano Suiza, Rolls Royce – über 100 Marken, die unzählige Emotionen wecken.

... und zahlreiche Raritäten

30 Autos, die nur einmal in der Welt existieren, und 60 äußerst seltene. Jedes Auto des Museums ist ein Zeitzeuge, und manche sind ganz einfach außerordentlich! Das Coupé Napoléon, Prototyp der Bugatti-Reihe „Royale", wohl die teuersten Autos der Welt, der Benz Viktoria von 1893 und

Die aufgerichtete Elefant auf dem Kühler des Royale ist eine Plastik von Ettore Bugattis Bruder Rembrandt Bugatti, bekannt für seine Tierskulpturen.

EINLEITUNG

500 Traumwagen im verblüffenden Rahmen einer Wollspinnerei.

der Jacquot von 1878, ganz sicher die ältesten. Und der Panhard X26 von Staatspräsident Poincaré, der Ferrari von Roberto Rosselini ...

Mitten im Leben

All diese Fotos, neue oder vergilbte, auf die wir in Familienalben stoßen ... Mehr als jede andere Erfindung begleitet das Auto unser Leben. Kein Zweifel, dass es das 20. Jahrhundert entscheidend prägt. Diese unsere Geschichte illustriert die reiche, vielfältige Sammlung des Museums.

Auf ins 21. Jarhundert!

Die Geschichte des Autos ist längst nicht zu Ende. Deshalb wird schon heute das Museum für die Besucher von Morgen eingerichtet. Eine neue Weise, die Sammlung kennen zu lernen, viele interaktive Animationen und draußen ein Bereich zum Vorführen der Fahrzeuge. Auf bald!

Die Rolls-Royce-Kühlerfigur

Hans und Fritz Schlumpf

Erstaunliche Geschichte der sich kreuzenden Wege dreier Männer

Am Anfang stand die Sammlung Schlumpf

Ein Automobilmuseum, dessen Ursprünge mit der Textilindustrie verbunden sind – das gibt's nicht alle Tage! Zu verdanken ist das den in Italien geborenen Brüdern Hans und Fritz Schlumpf. Ihre Mutter, Jeanne, war aus Mulhouse und zog nach dem Tod ihres Mannes ihre Söhne allein groß. 1940 war der 34-jährige Fritz Chef einer Spinnerei in Malmerspach. 1935 hatten die Schlumpfs eine Aktiengesellschaft für Wollverarbeitung gegründet und ihr Imperium wuchs unablässig. Fritz sammelte Autos, die er in seiner Mulhouser Spinnerei unterstellte – dem künftigen Museum.

Fritzens Autoleidenschaft

Eine verzehrende Liebe zu schönen Autos beherrschte Fritz; selbst im fernsten Ausland kaufte er Modelle auf. Im Laufe

Als 1880 die Spinnerei entstand, in der heute das Museum untergebracht ist, war das Automobil noch gar nicht richtig geboren.

der Jahre gelangten unauffällig fast 400 Einzelstücke – Fahrzeuge, Fahrwerke oder Motoren – in die Mulhouser Fabrik. Das Restauratorenteam war zur Verschwiegenheit verpflichtet. Ein Teil der ehemaligen Spinnerei wurde aufwendig umgestaltet.

Arbeitskampf: Die Schlumpf-Affäre

In den 70er Jahren geriet die Textilindustrie in eine Krise. 1976 verkauften die Gebrüder Schlumpf Fabriken. Im Oktober wurde in Malmerspach entlassen, ein Arbeitskampf begann. Die Schlumpfs flüchteten in die Schweiz. Im März 1977 drangen Gewerkschaftler in Mulhouse in das „Museum" ein und entdeckten verblüfft die Sammlung. Die „Arbeitermuseum" getaufte Halle blieb zwei Jahre besetzt. Nach vielem Hin und Her wurde das Museum, inzwischen im Besitz eines Trägervereins, 1982 der Allgemeinheit zugänglich gemacht. Der Verein des Nationalen Auto-mobilmuseums Mulhouse – Körperschaften und private Förderer – erwarb Sammlungen, Gelände und Gebäude. Hinzu kommt der Geschäftsführungsverein des Nationalen Automobilmuseums Mulhouse, der sich um den Betrieb kümmert.

Jeanne Schlumpf

Ettore Bugatti: Ein genialer Handwerker

Fritz Schlumpf war noch ein Kind, als Bugatti 1907 sein Werk in Molsheim gründete. Später verehrte Fritz dessen Schöpfungen wie auch die Unternehmerpersönlichkeit und erhob ihn zu seinem Vorbild. Ettore, Fritz, Hans: drei in Italien geborene elsässische Industrielle, drei Wege, die sich kreuzten ...

Ettore Bugatti

Das Museum vereinigt di Sammlung

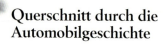

Querschnitt durch die Automobilgeschichte

Seit der Eröffnung des Museums kamen rund hundert Modelle hinzu, die die Sammlung Schlumpf ergänzen. Dieser Umfang macht das Nationale Automobilmuseum / Sammlung Schlumpf zur weltweit bedeutendsten Einrichtung ihrer Art. Stellen Sie sich vor, welches Wissens- und Kulturerbe in diesen Meisterwerken steckt! Alle Themen werden angesprochen: Geschichte, Konstruktion, technische Innovationen, Karosseriebau, Rennen usw.

Internationale Ausstrahlung

Über 5 Millionen Besucher haben das verkehrsgünstig im Herzen Europas gelegene Museum schon kennen gelernt. In wenigen Minuten ist es von Deutschland oder der Schweiz aus

EINE EINZIGARTIGE SAMMLUNG

on Mulhouse
ollständigste
er Welt

zu erreichen, aber auch viele Briten und Italiener kommen. Es fördert Begegnungen zwischen Sammlern, Konstrukteuren und Autofreunden jeder Art.

Veranstaltungen von weltweiter Bedeutung

Fernsehsendungen, Eleganzwettbewerbe, Markenretrospektiven, Sonderausstellungen – das Museum verfügt über große Möglichkeiten. Davon zeugen über 200 Großveranstaltungen seit 1982.

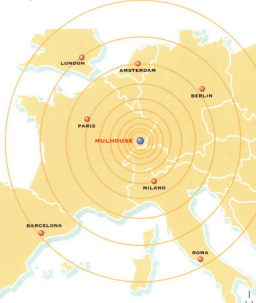

Das in wenigen Minuten von Deutschland oder der Schweiz aus erreichbare Museum ist ideal im Herzen Europas gelegen.

11

RESTAURIERUNG

Die Restaurierungswerkstatt

Als Zeuge der Automobilgeschichte schuldet das Museum seinen Besuchern allergrößte Sorgfalt, und das gilt ganz besonders für die Restaurierung. Ehrwürdige Autoveteranen wieder zum Leben zu erwecken verlangt erstklassiges Know-how. In ein Fahrzeug eingebauten originalgetreuen Neuteilen wird immer das Logo des Museums eingeprägt. Denn den kommenden Generationen gegenüber darf nicht geschummelt werden. Diese Sorgfalt, dieses Berufsethos kennzeichnet den verantwortungsbewussten Konservator. Das Museum arbeitet auch eng mit Herstellern und Zulieferern zusammen, etwa mit Würth für Ausrüstung und Betrieb der Werkstatt. Weitere wichtige Partner sind Ingenieurhochschulen, die Restaurierungsabteilungen der französischen Museen und das Kulturministerium.

Das Museum arbeitet eng mit Herstellern und Zulieferern zusammen, so mit Würth für Ausrüstung und Betrieb der Werkstatt.

INTERNATIONALE KULTUR

Kulturelle Aktivitäten des Museums

Das Coupé Napoléon nach seiner Neuzulassung zum Verkehr auf dem Place de la Réunion in Mulhouse

Lebendige Vergangenheit

Durch reines Konservieren würde unser Kulturerbe erstarren und seine Seele verlieren, statt sich zu entfalten. Darum steht das Museum in engstem Kontakt mit unserer Zeit. Dieser wesentliche, so kostbare kulturelle Bereich ist so lebendig wie möglich zu vermitteln.

Probefahrt mit dem Coupé Napoléon

Bereicherung der automobilen Überlieferung

In Zusammenarbeit mit Partnern des Museums und immer neuen Animationen werden wenig bekannte Aspekte und neue Themen der Automobilgeschichte erforscht.

Espace-Découverte: Bewegliche Funktionsmodelle.

Der Espace-Découverte

Über 100 000 Schüler aller Altersstufen lernten bereits die pädagogischen Einrichtungen und Aktivitäten des „Espace-Découverte" kennen, der ihnen spielerisch Kenntnisse vermittelt und sogar ein mit der Verkehrswacht zusammen realisiertes Verkehrsschulungsgelände umfasst. Besonderen Anklang finden instruktive Workshops: an Holzmodellen erklärte Grundbegriffe von Fahrzeugen, Motoren und Getrieben, Autoelektrik und sogar Robotertechnik. Im 1000 m² großen Espace-Découverte kann jeder selbständig auf interaktive Entdeckungstour gehen.

Der Espace-Découverte-Saal.

ANSPRUCHSVOLLE PROJEKTE

Entwicklungsprojekt des Museum: Die „Cité de l'Automobile"

Anspruchsvolles Gesamtkonzept

Nach der Renovierung des Museums im Jahre 2000 geht die zeitgemäße innere und äußere Umgestaltung und Entwicklung des Museums weiter. Erster Abschnitt: bis 2005.

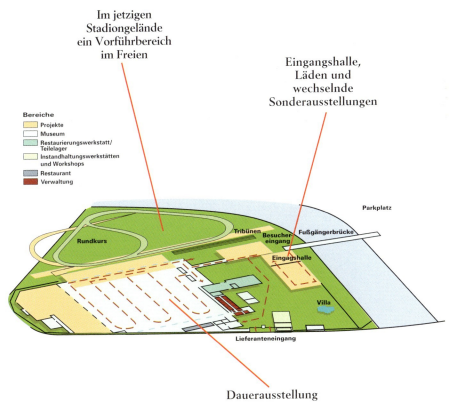

Modernes Management

Culture Espaces

Seit Juni 1999 ist für Modernisierung und Verwaltung des Museums die Organisation Culture Espace zuständig, die auf modernes Management von Monumenten und Museen spezialisiert ist. Ihr Ziel ist es, unser Kulturerbe optimal in die heutige Welt zu integrieren, damit es besser verstanden und besser erhalten wird. Culture Espace ist in Europa die einzige Privatorganisation, die im Auftrag öffentlicher Einrichtungen mehrere Baudenkmäler und Museen verwaltet: das Jacquemart-André-Museum in Paris, die Rothschild-Villa Ephrussi in Saint-Jean-Cap-Ferrat, die Burg von Les Beaux in der Provence, Schloss Valençay u. a. Durch geeignete kulturelle Aktionen, Entgegenkommen gegenüber den Besuchern und aktive Öffentlichkeitsarbeit verstärkt Culture Espace den Bekanntheitsgrad und den Besuch, erschließt neue Geldquellen für die Restaurierung und trägt zur Förderung des Tourismus und zur Schaffung von Arbeitsplätzen bei. Insgesamt empfängt Culture Espaces jährlich über eine Million Besucher aus der ganzen Welt und wendet über die Hälfte der Erträge für verbesserte Erhaltung und Präsentation auf.

Die Renovierung im Jahr 2000

Für den Übergang ins 3. Jahrtausend renovierte Culture Espace das Nationale Automobilmuseum Mulhouse von Grund auf, unter Erhaltung der wunderbaren Haupthalle mit den Laternen des Pariser Pont Alexandre III. Die Sammlung gliedert sich in drei Hauptbereiche – Automobilgeschichte, Autorennen und Höhepunkte des Automobilbaus –, in denen die Fahrzeuge in zeitlicher Reihenfolge ausgestellt sind. Der Besucher erhält ein Audiogerät, das ihn während der Besichtigung immer begleitet. Weitere Räume, Fahrsimulatoren, Filme, Roboter, Soundanimationen u. a. runden den Museumsbesuch ab. Aus einem Museum für Spezialisten alter Autos machte Culture Espace ein lebendiges, aufregendes Museum für Fach- und Nichtfachleute aus ganz Europa.

Die Geschichte von 74 außergewöhnlichen Autos

Eine Auswahl
der schönsten Autos
des Museums und
ihre besondere
Geschichte

74 nie berichtete
Anekdoten

ALFA

Eine mysteriöse Figur

Das Markenzeichen der italienischen Firma zeigt die Symbole der Stadt Mailand, die zugleich die Wappenzeichen der Viscontis sind: links ein rotes Kreuz auf silbernem Grund, rechts eine gekrönte Schlange mit einer rätselhaften Figur im Maul, die ein Kind oder vielleicht einen beim 1. Kreuzzug (11. Jhdt.) besiegten Sarazenen darstellt.

Südwester, Schirmmütze, Schutzbrille: Grundausrüstung jeden Autofahrers.

ROMEO

Durch ihren Weltruf gerettet

Einen unter all seinen Ruhmestiteln erwarb Alfa Romeo nicht auf Rennstrecken: Die 1910 von Ugo Stella gegründete Anonima Lombarda Fabbrica Automobili (ALFA) ist die älteste italienische Sportwagenfirma. Ihren heutigen Namen erhielt sie kurz nach dem Ersten Weltkrieg durch den Einstieg des Industriellen Nicola Romeo ins Unternehmen.

Mitte der 20er Jahre begann die Marke, sich in Rennen auszuzeichnen. 1924 und 1925 beherrschte der berühmte Typ P2 mit dem Motor von Victor Jano die Rennstrecken. Die Weltwirtschaftskrise von 1929 setzte Alfa Romeo schwer zu. Gerettet wurde sie durch ihren Weltruf: Die italienische Regierung beschloss 1933, die Firma zu verstaatlichen. Zuerst unter Leitung der Scuderia Ferrari, ab 1938 dann unter dem Namen Alfa Corse, der Rennabteilung der Marke, holten die roten Renner von neuem Sieg auf Sieg. 1950 und 1951 wurden Farina und dann Fangio mit Alfa Weltmeister. Nach diesem Höhepunkt konsolidierte die Firma ihren sportlichen Ruf in anderen Wettbewerben, vor allem Rallyes.

Seit 1987 gehört Alfa Romeo zur Fiat-Gruppe und bietet heute ein Modellprogramm von Limousinen und Coupés mit sportlichem Charakter an, die ganz dem Markenimage entsprechen.

Die ALFA-Werk in Mailand.

— 1931 —
Typ 6C

E ine gesunde Konkurrenz zwischen den großen italienischen Marken in den Jahren 1920-25 veranlasste jede von ihnen, ihre besondere Identität deutlicher herauszuarbeiten. So kam es, dass sich Alfa Romeo entschlossen dem Sportwagenbau zuwandte – dank dem Ingenieur Vittorio Jano, der sich zuvor bei Fiat ausgezeichnet hatte. Der 6C 1750 ist der Urtyp des „sportlichen Alfa", der ab da als Vorbild zu jedem neuen Modell der Mailänder Marke diente, oft mit Erfolg. Die hervorragenden Rennsiege (u. a. Mille Miglia, Targa Florio, 24 Stunden von Le Mans) wurden entweder durch Werks-Prototypen oder durch Wagen privater Rennställe errungen – zu letzteren gehört der Wagen mit der Kodezahl 1122 – und begründeten das Image von Alfa Romeo auf Rennstrecken und auf der Straße.

Die ältesten Rennstrecken der Welt

Als Rennen auf öffentlichen Straßen aus Sicherheitsgründen ganz verboten wurden, begnügte man sich anfangs damit, Sportwagenrennen auf vorübergehend abgesperrten Strecken auszutragen. Doch angesichts des wachsenden Erfolges solcher Veranstaltungen wurde entschieden, speziell ausgestattete geschlossene Rennkurse zu bauen. So entstanden die Autorennbahn von Brooklands in England (1907) und der Rundkurs von Indianapolis in den USA (1911), die ältesten Rennstrecken der Welt. Die meisten der großen Rennkurse von Heute entstanden in den 20ern: Monza (1922), Le Mans (1923), Spa und Montlhéry (1924), der Nürburgring (1927) und Monaco (1929).

ALFA ROMEO

— 1932 —
Typ 8C 2,3 l

Alfa Romeos erster Sieg in Le Mans im Jahre 1931 mit dem 2,3-Liter-Achtzylinder der Privatfahrer Tim Birkin und Lord Howe bedeutete einen Umbruch in der Geschichte des Rennsports. Der äußerst agile italienische Wagen (über 200 km/h und weniger als 1000 kg) ließ bald den schweren Mercedes- und Bugatti-Fahrzeugen das Nachsehen. In Le Mans siegte Alfa Romeo vier Jahre nacheinander: 1931, 32, 33 und 34; darauf beziehen sich die vier Kleeblätter, die der legendären Marke lange Glück brachten. Der 1936 von einem Schweizer Amateurrennfahrer erworbene und später als Cabriolet umkarossierte Wagen mit dem Kode 1121 nahm nach seinem Rückzug aus dem aktiven Rennsport an Eleganzwettbewerben teil.

Wer andern ein Grube gräbt

In den Köpfen alter Motorsportfans bleiben die 24 Stunden von Le Mans mit jenem spektakulären Start verbunden, bei dem die Fahrer quer über die Rennstrecke zu ihren schräg nebeneinander aufgestellten Boliden sprinten, hinters Steuer springen und dann losbrausen. Bis dieser originelle Start 1969 verboten wurde, veranlasste er eine Menge komischer Zwischenfälle. So wollte Mike Hawthorn einmal seinen Freund Stirling Moss foppen, indem er so tat, als wolle er zu früh losrennen. Nur bekam Hawthorn davon einen solchen Lachanfall, dass er sich nicht mehr auf seinen Start konzentrieren konnte, der deshalb völlig daneben ging – während Moss voller Wut, aber mit großen Vorsprung davonzog.

— 1938 —
Typ 8C 2,9 l

Ein Meisterstreich gelang Vittorio Jano mit der Entwicklung eines 2,9-Liter-Motors auf Basis des 8C. Dieser Alfa Romeo, P3 genannt, sammelte Grand-Prix-Siege, unterstützt durch das Organisationstalent und den Siegeswillen von Enzo Ferrari, des Rennleiters der Scuderia, die seinen Namen trug. Schon als junger Rennfahrer war Enzo Ferrari erfolgreich für Alfa Romeo gefahren.

In der Sportwagenformel triumphierten die 8C 2,9B bei den Mille Miglia und vielen anderen Prestigerennen. Fünfzehn Wagen blieben erhalten, darunter dieses Exemplar, das 1938 unter Pintacuda und Severri die 24 Stunden von Spa gewann.

Rennleiter und Mädchen für alles

Der Chef eines großen Rennstalls begnügte sich nicht mit dem Management des Rennablaufs. Er hatte auch für möglichst angenehme Atmosphäre im Team zu sorgen, die besten Hotels, die besten Restaurants zu finden, Sandmännchen zu spielen, wenn die Fahrer am Vorabend von Rennen nicht ins Bett fanden, mitunter als Moralwächter ihre Besuche zu überwachen usw. Ausgezeichnet erfüllten diese Rolle des „Mädchens für alles" die großen Rennleiter Enzo Ferrari bei Alfa Romeo und später in seinem eigenen Rennstall, Alfred Neubauer bei Mercedes und Reg Parnell bei Aston Martin. Sie wussten das Beste aus ihrem Team und vor allem aus ihren Fahrern herauszuholen.

ALFA ROMEO

— 1938 —
Typ 12C

Um gegen Auto-Union und Mercedes anzukommen, die auf den Rennstrecken immer stärker wurden, konstruierte Alfa Romeo einen Sportwagen mit Zwölfzylindermotor, der fast 370 PS leistete – was leider nicht reichte. Das eindrucksvolle Auto mit dem Kode 1119, von dem nur vier Exemplare gebaut wurden, gewann immerhin unter Farina den Großen Preis von Antwerpen 1939. Nach dem Krieg setzte es seine Karriere mit dem Schweizer Peter Daetwyller fort, der mehrere europäische Bergmeisterschaften gewann. Den Motor dieses großartigen Wagens, von dem das einzige weitere Exemplar im Alfa-Romeo-Museum im italienischen Arese steht, entdeckte Fritz Schlumpf ... als Außenbordmotor.

Nuvolari, der fliegende Mantuaner

*Als mechanikbegeisterter Schuljunge hatte sich Tazio Nuvolari beim Versuch, ein eigenhändig nachgebautes Flugzeug zum Abheben zu bringen, die Wirbelsäule angeknackst.
Das hinderte ihn nicht an einer brillanten Karriere als Motorradrennfahrer mit über 300 Siegen. Einen der tollsten errang er, als er wegen eines weiteren Unfalls einen Gips trug! Anschließend siegte er mit Alfa Romeo, Bugatti, Maserati, Ferrari, aber auch Auto-Union und 1946 mit Cisitalia, als er schon 54 war. Der mit 61 an einer Lungenkrankheit verstorbene legendäre Rennfahrer war allergisch – gegen Auspuffgase!*

BUGATTI

E%%IN GEWISSER
SHAKESPEARE%%

Der von den Schöpfungen Ettore Bugattis fasziniert, ja besessene Fritz Schlumpf tat alles, um möglichst viele davon in seinen Besitz zu bringen. Am härtesten waren die Verhandlungen mit einem reichen Amerikaner, John W. Shakespeare, der ihm schliesslich für 85 000 Dollar dreissig Bugattis verkaufte, darunter einen Royale.

Eleganzwettbewerb: Auto, Fahrerin, Chauffeur und Hund sollen die gleichen Farben tragen.

Renntriumphe

Der geniale Ettore Bugatti, ein unerschöpflicher Künstler, kreierte mit der gleichen Begeisterung Flugzeugmotoren wie Nudelmaschinen. Schon auf der Internationalen Messe in Mailand im Jahre 1900 machte der junge Mailänder mit einem Kleinwagen auf sich aufmerksam. Er ging zu De Dietrich im elsässischen Niederbronn, dann zu Mathis, schließlich zu Deutz. In seiner freien Zeit baute er dort einen Prototyp, „Vollblut" getauft. 1909 ließ sich Ettore Bugatti in Molsheim bei Straßburg nieder. Seine neuen Werkhallen finanzierte er teilweise durch den Verkauf der Lizenz für den BB an Peugeot.

Nach weltkriegsbedingter Unterbrechung zurück in Molsheim, wurde Bugatti 1921 reichlich entschädigt: Vier seiner Wagen belegten die ersten Plätze in Brescia. Das Unternehmen blühte auf. Von 1925 bis 1927 errang sein neues Spitzenmodell, der Typ 35, unter großartigen Fahrern Rennsieg auf Rennsieg. Diese große Zeit endete 1939: Ettore verlor seinen ältesten Sohn, der bei einer Testfahrt tödlich verunglückte. Der hochbegabte Jean, sein künftiger Nachfolger, hatte unter anderem 1929, kaum 20-jährig, das Coupé Napoléon des Royale entworfen. Schlimm war auch der Zweite Weltkrieg. Das Werk wurde erst von den Deutschen requiriert und nach der Befreiung als „Feindbesitz" konfisziert – Bugatti war noch immer Italiener. 1946 wurde er französischer Staatsbürger und starb am 21. August 1947. Unter Pierre Marco entwickelte das Unternehmen neue Prototypen, konnte sich aber nicht mehr durchsetzen.

Bugatti-Arbeiter in Fotografierpose in ihrer Werkshalle.

— 1928 —
Typ 52

Alle Tim-und-Struppi-Freunde kennen Abdallah und sein Kinderauto aus Hergés Band „Im Land des schwarzen Goldes". Weniger bekannt ist, dass sich unter den Zügen des kleinen Abdallah der marokkanische Kronprinz verbarg, der spätere Hassan II. Und dass das Kinderauto eine Darstellung dessen ist, das Ettore Bugatti Ende der 20er für seinen eigenen Sohn Roland konstruierte. Das dem berühmten Typ 35 im Maßstab 1:2 detailgetreu nachgebaute Modell fand als Typ 52 Eingang in den Bugatti-Katalog. Ein paar Dutzend Exemplare wurden für die Kinder reicher Kunden angefertigt, darunter der Erbprinz von Marokko.

Autos für Kinder

Der Bugatti Typ 52 war auch unter dem Namen „Baby-Bugatti" bekannt. Doch längst vor diesem Luxus-Kinderauto boten Kinderwagenhersteller Tretautos mit Kinderwagenfahrgestell an. Anschließend präsentierten die Autohersteller Kinderautos, die ihren „großen" Modellen perfekt nachgebaut waren. Die kleinen „Citroënnettes" sind dafür ein schönes Beispiel. André Citroën hatte nämlich sehr schnell begriffen, dass solches Spielzeug ein hervorragender Werbeträger war. Wer schon als Kind begeisterter Citroën-Fahrer war, würde auch später der Marke treu bleiben ...

— 1929 —
Typ 35B

Beim 1924 vorgestellten Bugatti Typ 35 waren Aerodynamik und Ästhetik in vollkommener Harmonie. So etwas hatte es noch nicht gegeben: niedrig, eine das Chassis ganz einschließende Aluminiumkarosserie, weit zurückverlegter Kühler – eine einmalige Autopersönlichkeit. Die große Neuheit: Bei einer Reifenpanne wurde nicht mehr der Reifen, sondern das Rad ausgetauscht, was viel Zeit spart. Die Fahrer schätzten die ausgezeichnete Straßenlage, die Handlichkeit und die Bremsen des Typs 35, Qualitäten, die ihn zum Archetyp des Rennwagens der Mitte des Jahrzehnts machten.

Im ausgestellten Exemplar ist Fritz Schlumpf zahlreiche Bergrennen gefahren.

Das Vollblut mit 1851 Siegen

Seit dem ersten Sieg der Marke im Jahre 1911 war der Name Bugatti in der europäischen Rennwelt bekannt. Vor allem aber ab 1924 sorgte er dort für Unruhe, als der Typ 35 kam, der absolute Meisterstreich Ettore Bugattis. Von 1925 bis 1927 beherrschten dieses Modell und abgeleitete Versionen den Motorsport: Bugatti-Fahrer errangen damit nicht weniger als 1851 Siege! Einzigartig in der Automobilgeschichte war auch, dass Ettore beschloss, dieses revolutionäre Vollblut frei zu verkaufen. Begüterte Autofans konnten so einen Rennwagen erwerben, der in allen Punkten den für das Werk startenden Prototypen glich.

— 1929 —
Royale Typ 41

Der Royale sollte für Ettore Bugatti das absolut Größte sein, ein Modell, das leistungs-, qualitäts- und imagemäßig sämtliche Konkurrenzmodelle hinter sich ließ. Leider fand das 2900 kg schwere Auto für Könige nicht den erhofften Anklang: Nur sechs Exemplare wurden gefertigt. Die Entwicklung des Royale brachte die Firma in finanzielle Schwierigkeiten, rettete sie dann aber durch den Verkauf auf Lager befindlicher Typ-41-Motoren zum Einbau in Motortriebwagen.

Der Wagen mit dem Kode 0911 ist der Chassis-Prototyp des Modells mit der sogenannten „Coupé-Napoléon"-Karosserie, die der 20-jährige Jean Bugatti entwarf. Er war Ettore Bugattis Privatwagen und blieb im Besitz des Werks bis zu dessen Ankauf durch Fritz Schlumpf.

Eine Bildhauerfamilie

Ettore Bugattis ältester Sohn Jean, ein genialer Autodidakt, zeichnete sich als Designer aus. Auf ihn gehen einige der schönsten Kreationen der Marke zurück, darunter die als „Esders" und „Coupé Napoléon" bezeichneten Royale-Karosserien. Indem Jean sein Talent in dieser der Bildhauerei nahestehenden Kunst entfaltete, setzte er in gewisser Weise eine Familientradition fort. Schon sein Urgroßvater war nämlich ein für seine monumentalen Kamine bekannter Bildhauer. Carlo, Ettores Vater, war ein Allroundtalent: Er malte, bildhauerte, entwarf Möbel und Schmuck.

Der jüngere Bruder des berühmten Konstrukteurs, Rembrandt Bugatti, wurde bekannt durch seine Tierplastiken. Nach dem Selbstmord des 37-Jährigen im Jahre 1916 wählte Ettore ihm zu Ehren eine seiner Plastiken, den aufgerichteten Elefanten, als Kühlerfigur des Royale.

— 1929 —
Typ 40

Die Bugattis Typ 40 waren ursprünglich wackere kleine Pkws mit dem Ruf, zuverlässig und robust zu sein, und verkauften sich denn auch sehr gut. Dieses Modell ist etwas Besonderes: Für die Transsaharafahrt von Leutnant Loiseau im Jahre 1929 wurde es umkonstruiert und bekam hinten eine Holzkiste, mit der es fast wie ein Pick-up wirkt. In der Kiste ließen sich die gesamte Ladung sowie ein Zusatztank mit 225 l Benzin unterbringen. Technische Änderungen waren eine zusätzliche Handpumpe für die Ölförderung, ein Wasserrückführsystem und ein Direktauspuff. Der ausgestellte Wagen ist der letzte erhaltene dieser Expedition.

Temporekord in der Sahara

*Am 27. Januar startete kurz nach Mitternacht Leutnant Frédéric Loiseau, ein ehemaliger Offizier von Spahis, in einem fast unveränderten Serien-Bugatti zu einer 15 000-km-Fahrt, die bis zum Grand Bassam und zurück gehen sollte. Gleichzeitig starten vier weitere Bugattis, doch seinen Rekord für die Sahara-Durchquerung stellte Loiseau allein auf: Die 1500 km Sandwüste zwischen Gao und Adrar legte er in 54 Stunden zurück, wobei er Kopf und Kragen riskierte.
Ein am Tag nach seiner Ankunft gestarteter Hauptmann der Kolonialtruppen brauchte für dieselbe Strecke 37 Tage!*

— 1932 —
Typ 55

Der Typ 55, Nachfolger des 43 und des 43A, stellt einen weiteren Schritt auf dem Wege zum Traumauto dar, das hohe sportliche Qualitäten mit höchster Eleganz vereint. Diesen Roadster, der technisch vom Grand-Prix-Modell Typ 51 abstammt, entwarf Jean Bugatti für einen Kundenkreis, der große Reisewagen mit sehr hoher Leistung schätzt. Er erreichte 180 km/h und beschleunigte vor allem äußerst rasant. Abgerundet hat Jean Bugatti sein Werk durch eine Zweisitzerkarosserie, deren lange Kotflügel in einem einzigen Strich gezeichnet zu sein scheinen. Bis heute gilt sie als eine der schönsten der Welt.

Die Sammlung Shakespeare

Der Bugatti-Fan Fritz Schlumpf träumte davon, möglichst viele Fahrzeuge dieser Marke zu besitzen. 1962 erfuhr er, ein reicher amerikanischer Erbe, John W. Shakespeare, wolle seine Sammlung von dreißig Bugattis verkaufen, darunter der Royale mit der Karosserie von Park Ward.
Zwei Jahre wurde verhandelt, ohne dass sich die beiden je trafen; alles lief auf Entfernung über einen Vermittler, der an Ort und Stelle den Zustand der Autos begutachtete (manche waren schlecht gewartet, schlecht untergebracht und z. T. sogar zerlegt).
Nach vielem Hin und Her einigte man sich schließlich und am 30. März 1964 trat die Sammlung Shakespeare die lange Reise nach Mulhouse an.

— Autorennbahnen —

Das Projekt, eine Autorennbahn anzulegen, tauchte erstmals 1898 in England auf. Dort hatte das Auto damals noch einen denkbar schlechten Ruf. Bis 1925, als der Bau des schönen Beton-Rundkurses in Montlhéry abgeschlossen war, machten die französischen Autohersteller ihre Testfahrten auf öffentlichen Straßen. Eine gefährliche Methode – und keine sehr exakte!

CITROËN

Die Gelbe Kreuzfahrt

Zu den ausgefallenen Werbekampagnen André Citroëns gehören die ersten Automobilfernfahrten quer durch ganze Kontinente. Die berühmteste bleibt die Gelbe Kreuzfahrt, die 1931-1932 durch Asien ging. Die wagemutigen Teilnehmer brachten der Welt Bilder von praktisch unbekannten Völkern und Gebieten mit zurück – und die der wackeren Citröen-Fahrzeuge, dit mit allen Schwierigkeiten fertig wurden!

Eine „Befähigungsbescheinigung" von 1928.

Wagemut und Innovation: Citroëns große Stärken

Die Marke Citroën ist geprägt durch die Person André Citroën. Der Diplomingenieur gründete 1902 eine Firma zur Herstellung von Pfeilradgetrieben; daher später der Doppelpfeil als Markenzeichen. 1908 stieg Citroën bei Mors in die Autoindustrie ein. 1914 war Krieg. In seiner neuen Granatenfabrik führte er die von ihm so bewunderten Methoden Henry Fords ein, anschließend auch in den Automobilbau: Sein Typ A war 1919 der erste europäische Großserienwagen.

Seine Talente tobte André Citroën in allen Bereichen aus. Er revolutionierte die Autowelt durch preiswertere Autos, durch neuartige Vertriebsmethoden. Als erster führte Citroën Vertreternetze, Ersatzteillager und Kauffinanzierung ein. Mit Unmengen genialer, kühner Werbeideen machte er Furore. Ganz Frankreich verfolgte die Gelbe Kreuzfahrt, die Pariser verblüffte er, als der Name Citroën am Eiffelturm aufleuchtete.

1934 stellte Citroën den „7" vor, einen Fronttriebler, der 27 Jahre lang erfolgreich verkauft wurde. Die leider völlig verschuldete Firma ging in Konkurs und wurde von Michelin übernommen. André Citroën starb 1935. Seine Nachfolger pflegten Wagemut und Innovation als Stil der Marke, den Modelle wie der 2 CV, der DS oder der SM beispielhaft illustrieren. 1974 wurde Citroën von Peugeot übernommen und gehört heute zur PSA-Gruppe.

— 1923 —
C 5 HP

Nach dem Erfolg der 1919 präsentierten Serie A wollte André Citroën einen großen Schritt weiter gehen und ein noch einfacheres, für jeden erschwingliches Auto auf den Markt bringen. Der von dem begabten Ingenieur Edmond Moyet konstruierte Typ C war bald im französischen Verkehrsalltag der 20er Jahre allgegenwärtig.

Das durch einen Motor von kaum 700 cm^3 angetriebene „Volkswägelchen" besaß einen winzigen, von hinten zugänglichen Kofferraum. Das Heck im „Hühnerhintern"-Stil gab ihm einen leicht sportlichen Anstrich. Nur einen Anstrich, denn mit zwei Insassen kam er in Steigungen sehr leicht aus der Puste!

Frauen am Steuer

In den 20ern begannen die Frauen sich zu emanzipieren – und Auto zu fahren. Einige Hersteller, so Citroën mit dem 5 HP, interessierten sich für diesen neuen Kundenkreis und stellten leichtere und leichter zu fahrende Modelle vor. Manche gingen so weit, auf Plakaten Autofahrerinnen zu zeigen. Josephine Baker, Greta Garbo und Mistinguett ließen sich am Steuer ihres Autos fotografieren. Es dauerte jedoch noch gut fünfzig Jahre, bevor den Herstellern die volle Bedeutung des weiblichen Marktes klar wurde und in den 70ern der Boom von Modellen wie dem Austin Mini einsetzte. Inwischen sind aufgrund von Marktstudien Frauen die Hauptzielgruppe der Autowerbung.

CITROEN

— 1953 —
Typ 11 B

Bis 1933 war Citroën zwar Vorreiter bei den Produktionsmethoden, doch die Autos blieben relativ konventionell. Daher war die Ankündigung eines Fronttrieblers eine Sensation, zumal es beim neuen „7" eine Fülle weiterer Neuheiten gab, u. a. eine selbsttragende Karosserie. Der „Traction" wurde in verschiedenen Karosserievarianten – Limousine, Coupé, Cabriolet und Kombi – und mit mehreren Motorisierungen angeboten. Er wurde zum Symbol einer Epoche. Von 1934 bis 1957 wurden über 700 000 Stück an Kunden verschiedenster Herkunft verkauft, und alle rühmten seine Straßenlage und Zuverlässigkeit: Privatleute, Taxifahrer, Polizisten, Gangster, Sanitäter, Reisende, Widerstandskämpfer und Kollaborateure ...

Entstehung des „Traction"

Schon 1931 war André Citroën überzeugt, dass die Zukunft dem Frontantrieb gehörte. Er holte André Lefebvre in die Firma, einen ehemaligen Renault-Ingenieur, der bald seinen skeptischen Kollegen sagte: „Versuch mal, einen Schubkarren die Treppe hinaufzuschieben! Ich ziehe lieber." Ungeduldig beschleunigte Citroën das Entwicklungsprojekt und das neue Modell konnte schon im Frühjahr 1934 in den Handel kommen. Wegen dieser Überstürzung hatte der „Traction" eine schwere Jugend: Das Auto der 100 Patente litt in der ersten Zeit stark an Kinderkrankheiten. Doch der schwierige Start trug auch zu seinem Image bei, da seine hervorragenden Qualitäten dabei um so deutlicher hervortraten.

— 1958 —
2 CV

Der 2 CV blieb lange Sinnbild für automobilen „Minimalismus", für jeden erschwinglich und fester Bestandteil des französischen Alltags. Er entstand im Zweiten Weltkrieg in der Ideenfabrik Citroën und erfüllte auf kluge Weise Leistungsvorgaben, die beispielhaft sind: „4 Personen mit einem Korb Eier und einem Sack Kartoffeln befördern". Der 1946 in Serie gegangene 2 CV hatte sehr viel Charme, der ebenso auf der raffinierten Konstruktion wie auf der verblüffenden Straßenlage und dem sparsam-funktionalen Komfort beruhte. Zwar identifizierten sich schließlich ganze Bevölkerungsschichten mit dem „Döschewo", selber jedoch war er konsequent nonkonformistisch.

Lastenheft des 2 CV

„... ein Auto, das zwei Landwirte mit Holzschuhen sowie 50 kg Kartoffeln oder ein kleines Fass bei einem Verbrauch von 3 Litern auf 100 km bis zu 60 km/h schnell befördert". Dieses Lastenheft, das vielleicht in Kartoffeln aufzuwiegen wäre, wurde von Citroën-Direktor Pierre Boulanger verfasst. Er schrieb damit die Leistungsvorgaben für das TPV (Toute Petite Voiture = Ganz Kleines Auto), den späteren 2 CV, fest.

— 1975 —
DS 23 Pallas

Nach 5 CV und Rosalie, „Traction" und 2 CV entstand in der Entwicklungsabteilung am Pariser Quai de Javel eines der orginellsten Autos des ersten Autojahrhunderts. Auf dem Pariser Automobilsalon 1955 wurde der Citroën-Stand vom Publikum gestürmt, das endlich die nachmals so berühmte Reiselimousine sehen wollte. In der Tat hatten sich alle Feen über die Wiege des DS 19 gebeugt: Er hatte Frontantrieb und hydropneumatische Federung, (damals) eine automatische Kupplung, Servolenkung, war unvergleichlich geräumig und komfortabel und hatte einen exzellenten Motor, der später beim DS 23 eine Einspritzanlage erhielt.

Die Auto-Journal-Affäre

Auf einen Tip hin, Citroën führe bei Dragignan einen geheimen Prototyptest durch, entsandte die Redaktion des Auto-Journal vier Bildreporterteams, die sich dort auf die Lauer legten. Plötzlich ein Motorengeräusch. Ein Wagen taucht auf, dessen Chassis sich unter einer seltsamen Karosserie verbirgt. Ein Kameramann springt vor und dreht. Die Citroën-Leute gehen auf die Verfolgungsjagd nach den Auto-Journal-Reportern. Vergeblich. Am 1. April 1952 der große Aufmacher: „Wir filmten den Citroën-Erlkönig". Citroën erhebt Klage, Journalisten werden verhaftet, Büros durchsucht. Im September 1955, drei Wochen vor der Modellpräsentation, geht das Auto-Journal noch weiter und veröffentlicht eine genaue Skizze des DS! Den zwölf Jahre dauernden Prozess gewann die Zeitschrift ...

DE DION

Treuer Zélélé

Im Paris der Jahrhundertwende war der Chauffeur des Marquis de Dion fast genauso bekannt wie der berühmte Automobilhersteller. Der in Äthiopien geborene, mit 11 Jahren nach Frankreich gekommene und vom Marquis selber in die Geheimnisse der Mechanik eingeweihte Zélélé wurde mit 15 dessen Chauffeur und blieb es 46 Jahre lang, bis zum Tod von de Dion.

*Auf einer abschüssigen Straße in Paris:
ein außer Kontrolle geratener Elecktrofiaker (1899).*

BOUTON

Erstaunliche Partnerschaft zwischen Marquis und Mechaniker

Albert Marquis de Dion war ein hochgewachsener Aristokrat mit großzügigem Lebensstil. Der Mechaniker Georges Bouton war ganz klein. Aus ihrer Begegnung entstand 1883 eine überraschende Partnerschaft. Zuerst stellten die beiden mit Charles Trépardoux zusammen Dampfmaschinen und -automobile her. Ab 1893 konzentrierten sie sich ganz auf Benzinwagen.

Albert de Dion, dem sozialer Fortschritt sehr wichtig war, beschloss, „Kleinwagen" anzubieten. Sofort stellte sich der Erfolg ein. De Dion-Bouton diversifizierte danach sein Programm und bot im Laufe der Jahre eine sehr breite Fahrzeugpalette an, Lkws, Busse, sogar Schienendräsinen.

Doch mehr noch konnte die Firma: Sie zeichnete sich in zahlreichen sportlichen Wettbewerben aus, entwickelte wie Michelin und Citroën Reiseführer, Straßenkarten und Verkehrsschilder. Und De Dion-Bouton innovierte: eine revolutionäre elektrische Zündanlage, die De-Dion-Hinterachse, den V8-Motor u. a.

Nach 1918 bekam De Dion-Bouton trotz des hervorragenden Rufs seiner Fahrzeuge die Konkurrenz der Firmen zu spüren, die nach neuen Fabrikationsmethoden produzierten. Es wurde noch in Einzelfertigung gearbeitet, als andere mit Massenfertigung begannen ... Nach und nach gab De Dion-Bouton den Automobilbau auf und konzentrierte sich ab 1930 auf die Herstellung von Straßenbaumaterial. 1933 wurde die Firma aufgelöst.

Die beiden Partner Seite an Seite.

DE DION-BOUTON

— 1898 —
Tricycle

Das Tricycle (Dreirad) von De Dion-Bouton war in der französischen Verkehrslandschaft der Jahrhundertwende allgegenwärtig. Ein kleiner, luftgekühlter Einzylindermotor brachte es bis auf 35 km/h; bei ungefedertem Rahmen war das auch wirklich ausreichend. Obwohl es sehr rudimentär wirkt, wies das Fahrzeug einige Innovationen auf, die später für andere Modelle der Marke übernommen wurden, so das Antriebssystem mit Halbwellen und die Vergaserregelung. Die Bedienung war sehr einfach; angeworfen wurde der Motor durch Treten der Pedale. So dass Werbeplakate für die Erzeugnisse von De Dion-Bouton bereits eine Frau in Sportkleidung am Lenker eines Tricycle zeigten.

Fahrende Verrückte in seltsamen Maschinen

Archivfotos zur Entstehung des Autos dokumentieren auch das Aufkommen eines neuen Typs Reisender: des Autofahrers. Während er in für jene Zeit absolut neuartigen, revolutionären Fahrzeugen saß, war er gekleidet wie ein Höhlenmensch. Er war ja Kälte und Witterung ausgesetzt, denn geschlossene Fahrzeuge waren noch die Ausnahme. Sieht man solche Bilder, versteht man besser den Schrecken, den die fahrenden Verrückten mit ihren seltsamen Maschinen bei ihren Zeitgenossen erregten, wenn sie maskiert oder hinter gewaltigen Brillen versteckt in einer Staub- und Qualmwolke am Steuer ihres knatternden Gefährts auftauchten!

DE DION-BOUTON

— 1902 —
Populaire

Die Entstehung des Typs J, der auf die berühmten Vis-à-vis-Typen E und G folgte, wurde als Zeichen der beginnenden Reife des Automobils aufgenommen: Ab da war klar, dass ein modernes Auto den Motor vorn und der Fahrer ein Lenkrad vor sich hatte. Der klein bemessene, leicht zu bedienende Typ J mit seiner bewährten Mechanik wurde so „populär", dass dieser Name hängen blieb. Mit seinem 700-cm^3-Einzylindermotor (was einem heutigen schweren Motorrad entspricht) schaffte der Populaire 45 km/h. Eine rustikale, aber robuste Zweisitzerkarosserie rundete das Ganze zu einem nur 400 kg schweren, ausgewogenen Fahrzeug ab.

„Kampf dem Staub!"

Bis 1906 war eine der schlimmsten Plagen des Autofahrers der Staub. Um die Städte herum war die Vegetation mit einer dicken grauen Schicht bedeckt. Da die Autos damals im Sommer alle offen fuhren, konnte der Fahrer trotz seiner Schutzbrille nicht weiter als dreißig Meter sehen. Alle nur denkbaren Möglichkeiten zur Lösung des Problems wurden ausprobiert: Verdecke, Baldachine, Vorhänge usw. – bis eines Tages im Jahre 1906 ein Dr. Guglielminetti demonstrierte, dass die beste Waffe im Kampf gegen den Staub war, seine Entstehung zu verhindern, indem man ganz einfach der Schotterung flüssigen Asphalt beimengte, was ihr Zerfallen verhinderte. Die Erfindung brachte diesem Wohltäter des Automobils den Spitznamen „Dr. Asphalt" ein.

DE DION-BOUTON

— 1908 —
Typ AW

In dem Angebot von De Dion-Bouton von 1906 bis 1910 hatte man die Qual der Wahl: Den Vierzylinder mit 1600 cm^3 gab es mit vier unterschiedlichen Chassis und jeweils mehreren Karosserievarianten; das Ganze wurde durch schwer durchschaubare Buchstabenkombinationen gekennzeichnet. Ein wahres Kopfzerbrechen für den heutigen Spezialisten, der ein Modell identifizieren will, zumal, wenn die mechanischen Teile nicht mehr alle original sind! Nach gründlicher Untersuchung, Demontage und sorgfältiger Vermessung lässt sich jedoch behaupten, dass das hier ausgestellte Modell in etwa mit dem Fahrzeug identisch ist, dass sich 1907 durch seine Teilnahme an der Fernfahrt Peking-Paris auszeichnete.

Fernfahrt Peking-Paris

„Gibt es Autofahrer, die von Paris nach Peking fahren würden?" Die Anzeige erschien 1907 in der Tageszeitung Le Matin. Zehn Autobesitzer meldeten sich an, fünf jedoch verzichteten, als sie erfuhren, letztlich gehe die Reise von Peking nach Paris. Am 10. Juni begaben sich Fürst Scipion Borghese mit einem Itala, Godard mit einem Spyker, Pons mit einem Tricycle von Mototri Contal sowie Cormier und Collignon mit je einem De Dion-Bouton an den Start.
Bis Moskau blieb ihnen nichts erspart, von unbefahrbaren Pfaden bis zu nicht vorhandenen Brücken. Die Autos wurden mitunter gar von Menschen getragen! Pons gab auf. Ab Moskau wurden die Straßen besser und die Teams überall als Helden empfangen. Nach Empfängen und Banketten langten die vier Konkurrenten nach 81 Tagen in Paris an.

DE DION-BOUTON

— 1912 —
Typ DH

Dieses wunderschöne Auto war zu Jahrhundertbeginn einer der größten Erfolge der Firma aus dem Pariser Vorort Puteaux. Es bot keine großen technischen Innovationen, war aber solide gebaut und sorgfältig verarbeitet. Der Typ DH wurde vor allem mit 2- oder 4-türiger Phaetonkarosserie angeboten. Wegen der kleinen Chassisabmessungen findet man nur selten eine Limousinenkarosserie. Das Ganze hat jedoch durchaus seinen Charme, und bei einem Blick ins Innere entdeckt man einen geräumigen, komfortablen kleinen Wagen, dessen Konstruktion viel Aufmerksamkeit für den Insassenschutz erkennen lässt.

Der erste Automobilsalon

„Ihre Autos sind ziemlich hässlich und stinken", konnte sich Staatspräsident Félix Faure den Veranstaltern des ersten Automobilsalons nicht zu sagen verkneifen. Im Vorjahr hatte der frisch gegründete Automobile Club de France beantragt, ein paar Fahrzeuge auf der Fahrradmesse zeigen zu dürfen. Der Erfolg war derartig, dass der Automobilclub 1898 seinen eigenen „Salon" schuf. Die Ausstellung auf der Esplanade der Pariser Tuileries dauerte vom 13. Juni bis zum 13. Juli. Es gab bereits 269 Aussteller. Darunter Hersteller, die erst in einer Testfahrt von Paris nach Versailles und zurück nachweisen mussten, dass ihre Autos auch wirklich funktionierten...

FERRARI

Zu Erinnerung an Dino

Mehrere Modelle wurden von Ferrari unter dem Namen „Dino" hergestellt und vertrieben. Ursprünglich war das der Name eines V6-Motors, der zu Ehren von Enzo Ferrari Sohn Alfredo, genannt Dino, so getauft wurde. Der 1956 jung verstorbene Alfredo hatte als Erster an der Architektur dieses Motors gearbeitet, an den er fest glaubte.

24-Stunden-Rennen von Le Mans.

Rennpassion eines Testfahrers

Der junge Enzo Ferrari wurde von Fiat abgewiesen, 1919 von CNM in Mailand eingestellt, war dann Testfahrer bei Alfa Romeo und wurde 1920 Zweiter der Targa Florio. Bald übernahm er das Emblem des hochgehenden Pferdes, das zugleich das eines italienischen Nationalhelden war, des 1918 abgeschossenen Fliegers Francesco Barraca.

Nach einer recht anständigen Rennfahrerkarriere wurde Enzo 1929 Leiter der Scuderia Ferrari, die für Alfa Romeo fuhr. Sie war der beste italienische Rennstall der 30er Jahre und beherrschte, als der Alfa P3 herauskam, auch den europäischen Automobilsport.

Ferrari zog Alfa Romeo dennoch sein Werk in Modena vor, das er Auto Avio Costruzione taufte. Zwei seiner Wagen nahmen an den Mille Miglia 1940 teil, ein Ferrari-Modell kam während des Krieges heraus. Ein paar Siege gab es 1947. Der Fahrer Nino Farina errang 1948 den ersten Grand Prix. In Grand-Prix-Rennen konnte Ferrari noch nicht mit Alfa Romeo konkurrieren, nutzte aber den Rückzug des Rivalen aus dem Rennbetrieb im Jahre 1951, um Sieg auf Sieg zu erringen: 24 Stunden von Le Mans, Sportwagenweltmeisterschaft, Grand-Prix-Rennen. Mike Hawthorn gewann 1958 die Fahrer- und Ferrari 1961 die Konstrukteursweltmeisterschaft. Für Rennwagen entwickelte Innovationen kamen im Werk Maranello Sport- und Grand-Tourisme-Fahrzeugen zugute. Vom 3-Liter-Typ 250 bis zum Jüngsten, dem F355 – Eleganz, Leistung und Klasse, ganz große Klasse!

Der Firmengründer: Enzo Ferrari.

— 1950 —
Typ 212

Der Name Ferrari, anfangs mit den Erfolgen der für Alfa Romeo startenden Scuderia verknüpft, begann seine magische Wirkung in der ganzen Welt auszuüben, als sich Enzo Ferrari 1946 seine eigenen Wagen zu bauen entschloss. Nach dem aufsehenerregenden Sieg eines Roadsters 166 MM bei den 24 Stunden von Le Mans 1949 galt Ferrari als „Papst" des Zwölfzylinders in V-Stellung. Sein hochbegabter Ingenieur Gioacchino Colombo entwarf einen leichten, leistungsstarken Motor, der für lange Jahre absolute Maßstäbe setzte. Eingebaut in den Grand-Prix-Rennwagen Typ 212, sicherte dieser Zwölfzylinder der Scuderia Sieg auf Sieg – nicht nur durch Werksfahrer, sondern auch durch die Fahrer des unabhängigen Espadon-Rennstalls.

Der Espadon-Rennstall

In den 50er Jahren schwammen die Automobilrennkurse noch nicht im Geld. Dadurch konnten auch kleine Rennställe in Grand-Prix-Rennen ihr Glück versuchen und reine Amateure sich an berühmten Profis messen. So z. B. das von einem Basler Geschäftsmann finanzierte Espadon-Team. Bei einem Sieg gingen alle Einnahmen an den Rennstall; durch dieses System konnten begabte Amateure ihrer Passion frönen, ohne einen Pfennig auszugeben. Die Espadon-Fahrer, die ausschließlich Ferraris fuhren, errangen ein paar schöne Formel-1- und Formel-2-Siege. Der hier ausgestellte ehemalige Werks-Rennwagen fuhr 12 Grand-Prix-Rennen und gewann zweimal.

― 1964 ―
Typ 250 LM

Obwohl seine Wagen 1963 in den meisten großen internationalen Rennen siegreich waren, machte sich Enzo Ferrari Sorgen: Ford hatte gerade sein Projekt GT 40 vorgestellt, das den Ferrari GT-Modellen (Grand Tourisme) Konkurrenz machen könnte. Deshalb wurde beschlossen, ein Modell mit Mittelmotor zu bauen, den 250 Le Mans Berlinetta. Die Zulassung zur „GT"-Klasse wurde in Le Mans leider verweigert, da von dem neuen Wagen nur 32 Stück gefertigt waren. Der 250 LM musste daher als „Prototyp" gegen viel leistungsstärkere Fahrzeuge antreten. Dieses Handikap hinderte ihn nicht, eine hübsche Reihe Erfolge zu erzielen, unter anderem den neunten Ferrari-Sieg bei den 24 Stunden von Le Mans von 1965.

Ferrari und die 24 Stunden von Le Mans

Der Name Ferrari bleibt eng mit dem von Le Mans verknüpft. Denn der Ruf der Marke mit dem hochgehenden Pferd gründet auch hier: 9 Gesamtsiege, 9 Rundenrekorde, 21 Klassensiege.
Nach zehnjähriger Unterbrechung erstanden 1949 die „24 Stunden" neu. Am Start zwei rote Wagen der brandneuen italienischen Marke Ferrari. Einer der beiden 166 MM, gefahren von Chinetti/Seldson, siegte, nachdem er schon ab der 9. Stunde in Führung gelegen hatte. Erste Teilnahme, erster Sieg – als Einstand nicht schlecht ... Ferraris gewannen noch acht Mal: 1954, 1958 und von 1960-65.

— 1963 —
Typ 156B

Die Rückkehr der Formel 1 zu 1500 cm³ Hubraum ohne Kompressor im Jahre 1961 stimulierte die Bemühungen um Leistungssteigerung. Neue Konstrukteure wie Coventry-Climax oder BRM präsentierten immer stärkere Motoren. Ferrari reagierte mit der Entwicklung des „V6 1500", eines würdigen Nachfolgers der berühmten Dino-Sechszylinder, die schon bei den Weltmeisterschaften von 1958 und 1961 siegreich gewesen waren. Der neue Motor lieferte über 200 PS. In der Saison 1964 war er in den Ferrari mit dem Kode 0318 eingebaut, mit dem Lorenzo Bandini den Großen Preis von Österreich gewann. Mit diesem Wagen gewann John Surtees im selben Jahr den Weltmeistertitel. Das zweite Exemplar des 156er F1-Rennwagens behielt das Werk.

Big John Surtees

Wenn irgend jemand ebenso den Fans von Motorradrennen wie denen von Autorennen vertraut ist, dann John Surtees. Dieser außergewöhnliche Fahrer gehört nämlich zum kleinen Kreis der großen Motorradrennfahrer, die ihre Karriere erfolgreich am Steuer eines Autos fortsetzten. Die gleiche „Umschulung" gelang vor ihm Nuvolari und Ascari, nach ihm Jean-Pierre Beltoise, Eric Ofenstadt, Mike Hailwood und Johnny Ceccoto. Aber „Big John" schaffte noch mehr: Nach sieben Motorrad-Weltmeistertiteln gewann er als einziger auch die Formel-1-Weltmeisterschaft.

— 1970 —
Typ 312 B

Die Überlegenheit der Ford-Cosworth-Motoren, die Lotus, Tyrrell, March, McLaren und Brabham einbauten, zwang Ferrari, einen leistungsfähigeren Motor als den V12 zu entwickeln, der am Ende seiner Entwicklungsmöglichkeiten angelangt war. Doch trotz seiner mehr als 500 PS blieb der neue Zwölfzylinder-Boxermotor rein leistungsmäßig hinter dem 3-Liter- Cosworth zurück.
Der Wagen mit dem Kode 0419 wurde von Jacky Ickx, Ignazzio Giunti, Clay Regazzoni und dem Italo-Amerikaner Mario Andretti gefahren und siegte beim Grand Prix von Südafrika 1971. Erst Niki Lauda brach mit dem weiterentwickelten Zwölfzylinder-Boxermotor des 312 T2 die Vorherrschaft von Ford und wurde 1975 zum ersten Mal Weltmeister.

Erfindung der Grand-Prix-Rennen

*Eigentlich wurde der Autorennsport am 22. Juli 1894 geboren: mit dem Rennen von Paris nach Rouen, in dem die haushohe Überlegenheit der Benzinwagen offensichtlich wurde. Es hatte einen solchen Erfolg, dass bald jede Menge Rennen von Stadt zu Stadt ausgerichtet wurden. Allzu häufige Unfälle führten zum Verbot solcher Veranstaltungen, so dass sie durch Rennen auf speziellen Rennstrecken ersetzt wurden: Das war der Anfang der „Großen Preise". Zum erstenmal benutzt wurde der Begriff 1906 beim "Grand Prix" von Frankreich. Bis 1949 hatten sehr viele Städte einen eigenen Grand Prix.
Den heutigen Sinn erhielt der Begriff mit der Einrichtung der Fahrerweltmeisterschaft, die in einer begrenzten Zahl offizieller Rennen ausgetragen wird.*

— 1959 —
Typ 250 GT

Von dem allgemein als edelster Rennmotor geltenden V-Zwölfzylinder musste es natürlich auch eine Grand-Tourisme-Version geben. Enzo Ferrari baute ihn ab 1949 in verschiedenen Hubraumvarianten in GTs ein. Und als die FIA (Internatinaler Automobilsportverband) 1956 die „Grand-Tourisme"-Klasse einführte, hatte Ferrari so schon zuverlässige Fahrzeuge bereit stehen. Der mit der Kodenummer 5066 ausgestellte 250 GT, ein Geschenk von General Raymond Debord an das Museum, verkörpert perfekt den Straßen-Ferrari. Mit seiner klassischen Karosserie von Pininfarina und seiner Leistung (240 PS und über 230 km/h) war er sehr alltagstauglich, selbst im Stadtverkehr.

Die wunderbare Überraschung des Generals

Eines Morgens im Jahre 1994 hatte das Museum die angenehme Überraschung eines Briefes, der ihm einen Rolls Royce Silver Cloud von 1959 anbot. Veranlasst durch die Hommage von Hispano Suiza an den Jagdflieger Guynemer wollte der pensionierte Fliegergeneral Raymond Debord seinen Wagen verschenken, damit er erhalten und der Öffentlichkeit zugänglich würde. Aber damit waren die Überraschungen keineswegs zu Ende: Als nach den üblichen Formalitäten ein Abholtermin ausgemacht war und sich endlich das Tor der Pariser Garage öffnete, sahen die verblüfften Mulhouser auch noch ein 1959er Ferrari 250 GT Coupé und ein 1923er Bugatti-Torpedo Typ 30 vor sich – die der General großzügig gleich noch dazu gab.

— FUSSGÄNGERÜBERWEGE —

Die französische Straßenverkehrsordnung wurde am 31. Dezember 1922 erlassen. Doch schon 1914 hatte sich der Pariser Polizeichef als erster überlegt, die „Ordnung" müsse sich materiell konkretisieren, z. B. durch Kanalisierung des Fußgängerstroms mit Hilfe von Farbstreifen oder Nägeln auf der Fahrbahn – die auch noch durch alternierende Lichterspiele ergänzt werden könnten! Ganz Europa übernahm das Konzept.

GORDINI

LANGSAMKEITSREKORD
BEKANNT WURDEN
AMÉDÉE GORDINIS
WAGEN 1953
DURCH SEINEN ERFOLG …
IN EINEM LANGSAMKEITS-
WETTBEWERB. ENTGEGEN
ALLEN PROGNOSEN
SIEGTE GORDINI
VOR DEM GROSSEN
FAVORITEN DIESES
ORGINELLEN „RENNENS"
(EINES VON DER STADT
SURESNES BEI PARIS
AUSGERICHTETEN
BERGRENNENS),
DEM FÜRSTEN NIKOLAUS
VON RUMÄNIEN.

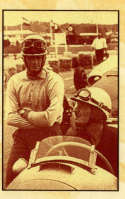

Der Gordini-Rennstall war ein Sprungbrett für zahlreiche Rennfahrertalente.

Der „Hexer" oder Im Motorsport kam man um ihn nicht herum

Sein im heimatlichen Italien erworbener Ruf eines guten Rennfahrers und unvergleichlichen Mechanikers folgte Amédée Gordini auch, als er 1927 nach Frankreich ging. 1934 stieß er zur Rennsportabteilung von Simca. Dort wirkte er wahre Wunder. Leichte, von ihm kühn und geschickt umgebaute Wagen fuhren erfolgreich in verschiedenen Disziplinen. Die Verbindung zwischen Simca und dem „Hexer", wie ihn seine Bewunderer nannten, dauerte bis nach 1945. Gordini arbeitete an immer stärkeren Motoren.

Ende 1950 machte sich Amédée Gordini selbständig. An seinen Sportwagen und Grand-Prix-Rennwagen kam bald niemand mehr vorbei. Doch die Finanzlage seines Unternehmens wurde immer schwieriger und zwang Gordini, wieder dasselbe zu tun, was er zuvor getan hatte: Serienwagen modifizieren. 1957 kam er zu Renault – und da entstanden der berühmte R 8 Gordini und 1970 dann der R 12 Gordini.

„Immer mehr Leistung" war jetzt die Parole. Kein Problem: Gordini entwickelte einen V6-Motor, der später zur Grundlage des F1-Motors von Renault wurde. Jenes berühmten Motors, der in der Formel 1 den Turbolader durchsetzte.

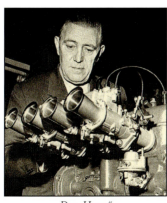

Der „Hexer"

— 1937 —
Simca 5

Aus dem Motörchen des Simca 5, der eigentlich ein bescheiden motorisierter Fiat Topolino war, holte Amédée durch Verbesserungen, wie nur er sie zustande brachte, ein paar kostbare zusätzliche Pferde heraus. Um zu demonstrieren, welchen Sinn seine Arbeiten hatten, schickte er unter dem Namen Simca-Gordini mehrere seiner Kreationen in großen Langstreckenrennen an den Start. So fuhren 1937 bei den 24 Stunden von Le Mans zwei Kleinwagen mit winzigem 570-cm^3-Motor, der bei 4400 U/min 23 PS leistete und mit dem die Wägelchen mehr als 125 km/h liefen. Einer der beiden holte sich den Klassensieg, der sich für Gordini als sehr werbewirksam erwies.

Die zwei großen Lieben des Amédée Gordini

Im Leben des 1899 bei Bologna geborenen Amédée Gordini gab es zwei große Leidenschaften: Frankreich und den Autorennsport. 1925 verließ er seine Heimat, um in einer Werkstatt in Suresnes die Automechanik zu erlernen. Rasch zeigte sich sein außergewöhnliches Talent für Feinabstimmung. Im folgenden Jahr eröffnete er seine eigene Werkstatt und wurde 1929 Fiat-Vertreter. Parallel zu seiner laufenden Arbeit tunte er Motoren für ein paar bevorzugte Kunden. Nach seiner Einbürgerung begann Amédée auch an verschiedenen Autorennen teilzunehmen. 1935 gewann er mit einem von ihm selbst präparierten Fiat den Bol d'Or. Auf diesen Erfolg hin holte ihn die Rennsportabteilung von Fiat: Das große Gordini-Abenteuer begann.

GORDINI

— 1953 —
17 S

Ende der 40er Jahre wurde Amédée Gordini seine Werkstatt in Suresnes zu eng und er verlegte sie an den Boulevard Victor in Paris. Die Verbindung mit Simca war unterbrochen. In Grand-Prix-Rennen schickte er schnelle, spritzige Einsitzer mit sehr starken Motoren, die es mit Wagen höherer Klassen aufnehmen konnten. Trintignant, Behra, Schell, Frère, Gonzales: Die meisten der großen Nachkriegsfahrer starteten für Gordini, auch der berühmte Juan Manuel Fangio, der 1952 in den 24 Stunden von Le Mans ein Coupé steuerte. Diesen Roadster Typ 17 S, der mit seinem großartigen 2-Liter-Reihensechszylinder 200 km/h erreichte, fuhr der Italiener Franco Bordoni.

Vollblut-rennfahrerin Gilberte Thirion

Den Motorsportbazillus fing sich Gilberte Thirion, Tochter eines ehrenwerten belgischen Geschäftsmanns, mit 20 auf einer Reise in die USA ein, wo sie die Zündkerzenfirma Champion vertrat. Erst war sie nur passionierte Zuschauerin, doch 1952 fuhr sie erstmals selbst mit und wurde in ihrem Porsche Zweite im Rennen Paris-Saint-Raphaël. Die Anfängerin mauserte sich schnell und setzte den großen Rennfahrern jener Zeit zu, zuerst mit ihrem Porsche, dann auf Gordini, Ferrari und Plymouth. Ihren schönsten Sieg aber errang sie 1956 mit einem Renault Dauphine: Trotz Unwettern und besonders harter männlicher Konkurrenz gewann sie in der Klasse „Tourisme Sonderserie" der Mille Miglia.

— 1953 —
26 S

Amédée Gordini musste sich immer gewaltig anstrengen, um Geld für seinen Rennstall hereinzuholen. Aus dem Teufelskreis, einerseits Zeit und Geld zur Entwicklung konkurrenzfähiger Modelle und anderseits unmittelbare Resultate zu benötigen, kam er einfach nicht heraus. Dabei waren seine Wagen schlank und wohldimensioniert, die Techniker hervorragend und es gab mitunter Erfolge, so bei den 24 Stunden von Le Mans 1953, als Maurice Trintignant und Harry Schell mit diesem Sechszylinder-Roadster Typ 26 S den 6. Platz in der Gesamtwertung und den Klassensieg holten. Drei Jahre später gab Gordini auf und verband sich mit Renault, um eine weitere Seite im Buch der Geschichte des Motorsports zu schreiben.

Entstehung des „Gorde"

Ab dem 4 CV 1063 hatte Renault sich angewöhnt, von Serienmodellen abgeleitete sportliche Versionen anzubieten. So kam es, dass das Unternehmen Gordini vorschlug, am Motor des Dauphine zu arbeiten. Daraus entstand später der auf dem Pariser Autosalon 1965 vorgestellte R 8 Gordini. Der „Gorde", wie er bald genannt wurde, fiel auf der Straße und auf Rennstrecken auf. Vor allem junge Autobesitzer begeisterten sich für ihn, denn für relativ wenig Geld erhielten sie einen echt aufregenden Wagen mit kräftiger Beschleunigung und Fünfganggetriebe, mit dem man spektakulär durch die Kurve „driften" konnte.

— ZUBEHÖR —

Eines der auffälligsten Merkmale der nach dem Ersten Weltkrieg konstruierten Autos war die nie dagewesene Zubehörfülle im Herstellerkatalog: „Koffer", Zigarrenanzünder, Innenleuchte, handbetätigter oder elektrischer Scheibenwischer, Nummernschildbeleuchtung, Rückspiegel, Fahrtrichtungsanzeiger und Reserverad.

HISPANO

Frankreich als Wahlheimat

Im Jahre 1900 baute Marc Birkigt, ein in Spanien lebender Schweizer Ingenieur, einen Wagen, den er nach seinem Geldgeber „Cuadra" nannte. Zweimal machte die Firma pleite, 1901 und 1904, bis sie den Namen annahm, unter dem sie in die Walhalla der grossen französischen Automarken einging: „Sociedad anonima La Hispano Suiza".

Stoßverkehr an einem Sommerwochenende in Paris.

SUIZA

Es begann in Barcelona …

Hispano Suiza … Grenzenloser Luxus von Ausnahmelimousinen, gestylt von renommierten Karosserieschneidern, klassisch-elegant und technisch hervorragend … Über all dem wird mitunter vergessen, dass die Marke auch große sportliche Erfolge errang.

Hispano Suiza gilt als französische Marke, wurde aber 1904 in Barcelona gegründet. Am Anfang stand das Vertrauen von Spaniern zu einem begabten Schweizer Ingenieur, Marc Birkigt – und das Geld, das sie ihm anvertrauten. 1911 errichtete Hispano Suiza Werke in Bois-Colombes und Levallois bei Paris, wo die großartigsten Modelle entstanden.

Nach dem Ersten Weltkrieg und mit frischen Erfahrungen im Flugzeugbau konstruierte Marc Birkigt ein Grand-Tourisme-Luxuschassis, den Typ H6, einen Wagen, der mit den besten europäischen und amerikanischen Prestigefahrzeugen gleichzog, sie sogar übertraf. Der anfangs gewaltige Erfolg ließ Ende der 20er nach. Daraufhin entwickelte Marc Birkigt den 1931 präsentierten J12: noch schöner, noch stärker und mit Bremsen, die alle Konkurrenten in den Schatten stellten.

1938, am Vorabend des Zweiten Weltkriegs, war die Firma gezwungen, sich auf den Militärflugzeugbau zu konzentrieren. Damit war für Hispano Suiza die Zeit der Luxusautos vorbei.

In den 60ern ging Hispano Suiza wie später andere große Marken – Messier und Bugatti – im SNECMA-Konzern auf.

Der hochtalentierte Ingenieur und Mitbegründer der Marke, Marc Birkigt.

— 1912 —
Typ Alphonse XIII

Die Geschichte von Hispano Suiza spielte sich beiderseits der Pyrenäen ab. In Spanien entstanden die ersten Fahrzeuge mit Vierzylindermotor, in Frankreich dagegen wurde der großartige 15 CV Alphonse XIII konstruiert. Diesen Namen erhielt er wegen des Interesses des spanischen Monarchen für den Wagen. Er war so sorgfältig verarbeitet und technisch so zuverlässig, dass trotz bescheidener Fahrleistungen der Erfolg nicht ausblieb. Unter den verschiedenen zum Alphonse-XIII-Chassis angebotenen Karosserien war die Sportversion, mit sehr leichter Linienführung, die begehrteste. Das ausgestellte Fahrzeug gehörte dem Flieger Grandseigne, der 1911 als erster Paris bei Nacht überflog.

Die goldene Zeit der Karosserien

In den ersten Jahrzehnten des Automobilbaus wurde jeder Neuwagen in Form eines Chassis geliefert, in das alle mechanischen Elemente eingebaut waren. Der Käufer musste es anschließend von einem Karossier „einkleiden" lassen. Vom Zeichner über Tischler, Schmied, Spengler, Maler und Lackierer bis zum Sattler waren viele Handwerker nacheinander mit der Ausführung beschäftigt. Das ganze dauerte drei bis sechs Monate, dann erst konnte der Kunde mit seinem Wagen losfahren. All diese Handwerke erlebten ihren Höhepunkt in den 30er Jahren, der goldenen Zeit der Karosserien.

HISPANO SUIZA

— 1927 —
H6 B

Nachdem die Erfolge der Spad-Jagdflugzeuge mit Hispano-Suiza-Motor im Ersten Weltkrieg die hervorragenden Leistungen der Firma bestätigt hatten, ging Marc Birkigt einen großen Schritt weiter und schuf einen der besten Sechszylinder jener Zeit. Der in ein sehr starres Chassis eingebaute 6,7-Liter-Motor war elastisch, leise und vor allem unglaublich zuverlässig. Der auf dem Pariser Autosalon 1919 vorgestellte H6 wurde praktisch unverändert bis 1934 gebaut. Seine Glanzzeit erlebte er Mitte der 20er, als der starke, sichere und komfortable Hispano praktisch keine Konkurrenz hatte.

Gewagte Wette

*Eine Begegnung zwischen Konkurrenten kann mitunter Anlass zu gewagten Wetten werden. 1927 speiste Charles Weymann, Karossier von Hispano Suiza, mit Serge Moskowics, Direktor der US-Marke Stutz. Schnell entflammte eine heiße Diskussion: War der Hispano oder der Stutz das leistungsstärkere Auto? Am Ende des Abends einigten sich die beiden darauf, ein 24-Stunden-Rennen auf dem Ring von Indianapolis solle entscheiden, und wetteten um 25 000 Dollar.
Am 18. April 1928 gingen Rooney und Anderson mit einem Stutz und Charles Weymann und Robert Bloch am Steuer eines Hispano an den Start.
Der schwerere und weniger starke Stutz hielt die Distanz nicht durch. 10 Stunden und rund 2000 km, nachdem der Stutz aufgegeben hatte, siegte der Hispano. Charles Weymann hatte auf die richtigen „Pferde" gesetzt.*

HISPANO SUIZA

— 1934 —
Typ J12

Der Ruf der Firma und ihr anerkanntes Know-how im Motorenbau veranlassten Marc Birkigt, die berühmtesten Luxuswagenhersteller seiner Zeit herauszufordern. Das französische Luxusauto wurde ein 54 CV mit 12 Zylindern in V-Stellung. Dieses großartige Modell, das vorbildlich leise und elastisch war, erreichte 150 km/h. Zahlreiche vom Fahrer zu bedienende Vorrichtungen dienten dem Insassenkomfort (u. a. vom Armaturenbrett aus regelbare Stoßdämpfer) und der Sicherheit (z. B. Servobremse). Vom J12 wurden fast 120 Stück gebaut. Hier im Museum stehen drei davon, darunter dieses Chauffeur-Coupé des französischen Karosseriescheiders Kellner.

Das Fliegeras und sein Storch

*Den Storch, Symbol des verlorenen Elsass-Lothringen, erhoben 1915 Guynemer und seine Jagdfliegerstaffel zu ihrem Emblem. Nach dem Krieg wurde das Maskottchen des französischen Fliegerasses das Markenzeichen von Hispano Suiza. Das Werk des Bildhauers François-Victor Bazin saß ganz vorn auf dem Kühlerdeckel, so dass der Storch sozusagen dem Wagen vorauszufliegen schien. Der Preis für so viel Eleganz war allerdings, dass er leicht brechen konnte und außerdem eine der gefährlichsten Kühlerfiguren überhaupt war.
Oft wurde deshalb sein Schnabel rundgebogen. Es wird sogar berichtet, dass Fahrer ihm einen Korken aufsteckten, bevor sie den Motor ankurbelten.*

— 1934 —
Typ K 6

Vom berühmten J12 übernahm der auf dem Pariser Autosalon 1934 vorgestellte neue Hispano K6 das Chassis. Den Zwölfzylinder jedoch ersetzte ein 30-CV-Sechszylinder. Zwar war der K6 nicht der größte Erfolg der Marke, doch war er ebenso sorgfältig verarbeitet wie seine Vorgänger. Aber 1936 drohte erneut Krieg und die Regierung Blum verstaatlichte Firmen, die für die Rüstung produzierten; dazu zählte auch Hispano Suiza. Als Erstes entschied der neue Vorstandschef, die Pkw-Produktion einzustellen. Nach 206 gebauten Exemplaren kam so 1937 das Aus für den K6 – und damit für die Herstellung von Hispano-Suiza-Autos in Frankreich.

Vom Himmel auf die Erde

Zu Beginn des Jahrhunderts bauten viele Hersteller, so Voisin, Farman, Rolls Royce und natürlich Hispano Suiza, sowohl Flugzeuge als auch Autos. Nach dem ersten Weltkrieg, als im Flugzeugbau die Industrialisierung einsetzte, gingen viele Handwerksbetriebe der Anfangszeit zur Automobilherstellung über, in die dadurch im Laufe des Luftkriegs erzielte technische Fortschritte einflossen. Bis in die 30er Jahre kam dies vor allem Renn- und Luxuswagen zugute. Aber Hersteller wie Voisin oder Bugatti schufen in Anlehnung an den Flugzeugbau bereits windschlüpfige Karosserien, ein Trend, der anschließend weit um sich griff.

MASERATI

Die Kurze Karriere der Marke OSCA

Die Brüder Maserati wussten, was sie wollten. Als sie 1937 ihr Familienunternehmen verkaufen mussten, begannen sie sofort ein neues Werk zu planen, um einen Sportwagen mittlerer Hubraumgrösse zu bauen. Gleich nach dem Krieg entstand so die Marke OSCA, deren Boliden bis Anfang der 60er erfolgreich Rennen fuhren.

Nächtliches Nachtanken und Ölnachfüllen.

Große Geschichte einer kleinen Zündkerzenfabrik

Mit einem guten Erfolg seines Grand-Prix-Rennwagens in der Targa Florio 1926 trat Alfieri Maserati, ein bescheidener Zündkerzenhersteller aus Bologna, der zwei Jahre zuvor eine eigene Automarke gegründet hatte, in die Automobilgeschichte ein.

Alfieri hatte vier Brüder, alle begeisterte Motorsportanhänger. Nach seinem Tod im Jahre 1932 führten sie die Firma weiter und machten ihre Rennwagen berühmt. 1937 aber wurde Maserati von dem Industriellen Adolfo Orsi aufgekauft und das Werk nach Modena verlegt. Die Brüder kehrten zurück nach Bologna und konstruierten die OSCA-Sportwagen.

Nach dem Zweiten Weltkrieg gelang es Maserati dank Gioacchino Colombo, der bei Alfa Romeo und Ferrari viel gelernt hatte, mit den Besten gleichzuziehen. Der 250F raste von Sieg zu Sieg und 1957 errang Fangio mit ihm seinen fünften Weltmeistertitel. Im selben Jahr verlor das Team leider mehrere Mitglieder durch Unfälle und zog sich aus dem Rennbetrieb zurück: Nie wieder starteten Werks-Maseratis in Rennen.

Die Firma stellte sich auf Grand-Tourisme-Fahrzeuge um und wurde später erst von Citroën übernommen (daraus entstand der Citroën SM mit Maserati-Motor) und dann vom Fiat-Konzern.

Das Maserati-Team (von links nach rechts): Baconin Borzacchini, Alfieri Maserati, Ernesto Maserati.

— 1930 —
Typ 2000

Nachdem sie bei der Targa Florio 1926 von sich reden gemacht hatten, entwickelten die Brüder Maserati den Tipo 26 mit 1500 cm³, danach den Tipo 26 B mit 2-Liter-Motor. Damit siegte der Fahrer Baconin Borzacchini gegen starke Konkurrenz von Alfa-Romeo-Rennwagen. Das Fahrzeug mit der Kodezahl 1203 ist eine „gezähmte" Version des 26 B, die hier für den Straßenverkehr ausgerüstet ist. Sie wurde in nur sechs Exemplaren gefertigt und fuhr noch zehn Jahre erfolgreich Autorennen; u. a. gewann sie den Großen Preis von Bern 1935.

Nach der Rennkarriere das Gnadenbrot

Da sie allzu sehr an ihren ausgedienten Rennwagen hingen, benutzten Rennfahrer oder Autoliebhaber diese mitunter nach Anpassung an die Zulassungsvorschriften weiter im Straßenverkehr.
Dieser Maserati 2000, ein echter Grand-Prix-Rennwagen, blieb so bis 1966 zugelassen – wobei die Polizei ein Auge zudrückte. Es wird erzählt, eines Tages habe ein Polizist, der in den Straßen von Bern auf sein eindrucksvoll rauhes Auspuffgeräusch aufmerksam geworden war, für das Privileg, ein paar Kilometer auf dem Platz des Mechanikers mitzufahren, auf eine Verwarnung verzichtet ...

Praktischer Museumsführer

Was Sie schon
immer über
das Museum
wissen wollten

Gesamtplan

Vollständige Liste
der 500 Fahrzeuge
in der Museums-
sammlung

Was Sie schon immer über das Museum wissen wollten

Noch interessanterer Museumsbesuch durch Audio-Führer, Filme, Animationen, Sound-Environment. Sie bewegen sich frei durchs Museum und informieren sich mit Hilfe des Audio-Führers, der Ihnen am Eingang kostenlos ausgehändigt wird und in mehreren Sprachen verfügbar ist. In über 180 interessanten Kommentaren erfahren Sie alles über Autos, ihre Fahrer, die Geschichte von Herstellern und einiger Rennfahrer.

Filmprojektionen, Plasmabildschirme und Video-Infosäulen berichten über die Geschichte des Automobils und derer, die sie geschrieben haben. Über einen Internet-Anschluss können Sie auf große Auto-Websites zugreifen. Sie werden über Neues aus der Autowelt, über Rennen und über internationale Spezialmuseen informiert.

Autos zum Anfassen und Einsteigen.

Im Saal „Automobilherstellung" mit einer alten Schmiede und zwei funktionierenden Robotern erhalten Sie einen Eindruck von der technischen Weiterentwicklung.

Im „Espace Course" teilen Sie die Erregung der Rennfahrer beim Start: Sie sehen, hören und riechen diesen großen Moment, als wären Sie wirklich dabei.

„Autos zum Anfassen" stehen zu ihrer Verfügung. Sie können sich am Steuer fotografieren lassen, einen Motor mit der Kurbel anwerfen oder auch in einem Spezialfahrzeug Überschläge probieren ... Kleine und große Kinder begeistern sich für Fahrsimulatoren, mit denen man auf die Rennstrecke von Le Mans gehen oder Rallye fahren kann.

Animationen für Schulkinder umfassen Entdeckungstouren im Museum und pädagogische Workshops: Verkehrssicherheit, Automechanik, Fahrradreparatur, Gießereitechnik u. a.

Fahrsimulatoren.

PRAKTISCHER MUSEUMSFÜHRER

Jede Menge Zusatzangebote

Direkt im außergewöhnlichen Rahmen des Museums gibt es Räume für Empfänge, Seminare oder Familienfeiern. Zwei veränderlich ausgestaltete Privatsalons und der Saal „Meisterwerke des Automobilbaus" stehen zu Ihrer Verfügung. Ob Cocktail für 500 oder Essen für 300 Gäste, ob Vortrag mit Bildprojektions- und Tonanlage – auch Veranstaltungen sind eine Spezialität des Museums.
Kontakt: Tel. (+33) 3 89 33 23 29.

Espace-Découverte und Verkersgelände für Kinder.

Sie können zwischen den großartigen Fahrzeugen zu Mittag essen oder etwas trinken. Sie haben die Wahl zwischen einer Selbstbedienungs-Cafeteria und einem Restaurant mit 40 bis 350 Plätzen. In diesem ausgefallenen Rahmen werden elsässische und internationale Spezialitäten angeboten.
Informationen, Reservierung: Tel. (+33) 3 89 42 58 48.

Buch oder Miniaturmodell, T-Shirt oder Postkarte? All das finden Sie in der Bücherei-Boutique, in der Sie nach Lust und Laune stöbern, schmökern und Andenken, die unerlässlichen Filme bzw. Kassetten für Ihre Kamera(s) und Briefmarken kaufen können. Das Museum hat einen Behinderteneingang und stellt gegebenenfalls auch einen Rollstuhl bereit. Für Gehbehinderte gibt es ein Elektrofahrzeug (Reservierung erforderlich). Auch Kinderkarren können ausgeliehen werden. Möchten Sie an die frische Luft, so finden Sie hinter dem Espace-Découverte ein Spiel- und Picknickgelände.

Salons für Empfänge, Seminare und Familienfeiern.

Kontakt:
- **Vermittlung: (+33) 3 89 33 23 23**
- **Auskünfte zu Animationen und Schülergruppen: (+33) 3 89 33 23 30**

PRAKTISCHER MUSEUMSFÜHRER

Gesamtplan

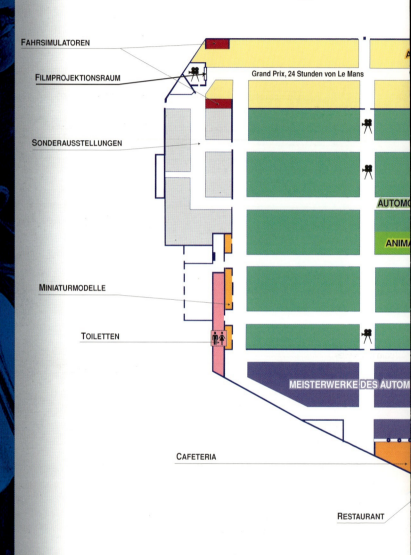

PRAKTISCHER MUSEUMSFÜHRER

des Museums

PRAKTISCHER MUSEUMSFÜHRER

Die 500 legendären Autos der Sammlung Schlumpf
Fett gedruckt: Die in diesem Buch vorgestellten Wagen

Marke	Typ	Baujahr	Seite im Buch	Marke	Typ	Baujahr	Seite im Buch
ABC	Moto	1922		Bugatti	17	1914	
Alfa Romeo	8 C 2,9 A	1936		Bugatti	13	1921	
Alfa Romeo	C 52	1953		Bugatti	23	1921	
Alfa Romeo	8 C 2,9 B	1937		Bugatti	28	1921	
Alfa Romeo	**8 C 2,9 B**	**1938**	**22**	Bugatti	32	1923	
Alfa Romeo	**12 C**	**1938**	**23**	Bugatti	35	1925	
Alfa Romeo	8 C 2,6	1933		Bugatti	35	1925	
Alfa Romeo	**8 C 2,3**	**1932**	**21**	Bugatti	35 C	1929	
Alfa Romeo	**6 C 1750**	**1931**	**20**	Bugatti	35	1925	
Amilcar	**CO**	**1926**	**122**	Bugatti	35 A	1925	
Amilcar	CGS	1925		Bugatti	35	1926	
Amilcar	CGSS	1926		Bugatti	35 A	1926	
Aster	Tricycle	1898		Bugatti	37 A	1929	
Aston-Martin	DB 5	1964		Bugatti	38	1927	
Audi	**E21/78**	**1924**	**123**	Bugatti	38	1927	
Austro-Daimler	ADR 6	1931		Bugatti	35 B	1927	
B.N.C.	527 GS	1926		Bugatti	35 A	1928	
Ballot	2 L TS	1925		Bugatti	37	1928	
Ballot	R H 3	1930		Bugatti	37	1926	
Ballot	3/8 LC	1921		Bugatti	35	1929	
Bardon	10 HP	1898		Bugatti	47	1930	
Barre	4 FM	1912		Bugatti	45	1929	
Barre		1897		Bugatti	59/50 B	1938	
Baudier	3 HP	1900		Bugatti	59/50 B	1938	
Bentley	MK 6	1950		Bugatti	51	1931	
Bentley	4,5 L	1937		Bugatti	51 A	1933	
Bentley	MK 6	1948		Bugatti	51 A	1932	
Bentley	8 L	1931		Bugatti	53	1931	
Benz	**Viktoria**	**1893**	**124**	Bugatti	251	1955	
Benz	Ideal	1897		Bugatti	251	1955	
Benz	Velo	1898		Bugatti	55	1932	
Benz	GR	1918		Bugatti	55	1933	
Benz	Velo	1896		Bugatti	55	1934	
Benz	Velo	1898		Bugatti	55	1932	
Benz	Velo	1896		Bugatti	55	1932	
Benz	Viktoria	1893		**Bugatti**	**55**	**1932**	**30**
Bollée	**Tricar**	**1896**	**125**	Bugatti	55	1932	
Brasier	KD	1908		Bugatti	68 B	1942	
Bugatti	**35 B**	**1929**	**27**	Bugatti	55	1933	
Bugatti	**52**	**1928**	**26**	Bugatti	252	1962	
Bugatti	52	1927		Bugatti	73 C	1948	
Bugatti	16	1912		Bugatti	252	1957	
Bugatti	BB	1911		Bugatti	73 A	1947	
Bugatti	13	1911		Bugatti	43 A	1930	
Bugatti	13	1913		Bugatti	43 A	1929	
Bugatti	13	1921		Bugatti	43	1929	

PRAKTISCHER MUSEUMSFÜHRER

Marke	Typ	Baujahr	Seite im Buch	Marke	Typ	Baujahr	Seite im Buch
Bugatti	43	1928		Bugatti	57 SC	1936	
Bugatti	43	1928		**Bugatti**	**41**	**1929**	**28**
Bugatti	43	1928		Bugatti	50/46	1932	
Bugatti	43	1927		Bugatti	41	1933	
Bugatti	43	1930		Bugatti	46	1933	
Bugatti	49	1931		Bugatti	46	1930	
Bugatti	49	1933		Bugatti	46	1930	
Bugatti	49	1934		Bugatti	46	1934	
Bugatti	49	1933		Bugatti	46	1933	
Bugatti	49	1932		Bugatti	46 S	1934	
Bugatti	**40**	**1929**	**29**	Bugatti	46	1931	
Bugatti	40	1928		Bugatti	46	1934	
Bugatti	40	1927		Bugatti	43	1931	
Bugatti	40	1929		Bugatti	50	1932	
Bugatti	40 A	1926		Bugatti	46	1933	
Bugatti	40 A	1929		Bugatti	46	1933	
Bugatti	44	1927		Bugatti	41	1990	
Bugatti	49	1933		Bugatti	30	1925	
Bugatti	44/49	1930		Charron LTD	X	1910	
Bugatti	49	1934		**Chrysler**	**New Yorker**	**1979**	**126**
Bugatti	49	1932		Cisitalia	D 46	1948	
Bugatti	49	1934		**Citroën**	**C 5HP**	**1923**	**34**
Bugatti	49	1933		Citroën	C 5HP	1923	
Bugatti	57 C	1937		Citroën	C 3	1925	
Bugatti	57 C	1938		**Citroën**	**11 B**	**1953**	**35**
Bugatti	57	1935		Citroën	7 A	1934	
Bugatti	57	1939		**Citroën**	**DS 23**	**1975**	**37**
Bugatti	57	1937		**Citroën**	**2 CV**	**1958**	**36**
Bugatti	57	1938		Citroën	SM	1971	
Bugatti	57	1936		Citroën	Xénia	1981	
Bugatti	101	1951		Citroën	7CV	1954	
Bugatti	57/101	1950		Clément de Dion		1898	
Bugatti	101	1952		Clément-Bayard	4 M	1913	
Bugatti	101	1951		Clément-Bayard	4 M 3	1912	
Bugatti	57	1936		Clément-Panhard	VCP	1900	
Bugatti	57	1939		Corre La Licorne	J	1906	
Bugatti	64	1939		Daimler	TE 20	1912	
Bugatti	50 T	1933		Daimler		1899	
Bugatti	57	1939		Daimler	DB 18	1949	
Bugatti	57	1936		Daimler	V 4,5 L	1938	
Bugatti	57 C	1938		Daimler	V 26	1934	
Bugatti	57 C	1939		Daimler	DF 302	1954	
Bugatti	57 SC	1936		Darracq	L	1903	
Bugatti	57 SC	1938		Darracq	C	1901	
Bugatti	57 S	1936		Darracq	P	1910	
Bugatti	57 S	1937		Darracq	20/28	1907	
Bugatti	57 S	1936		De Dion-Bouton	G	1901	
Bugatti	49	1934		De Dion-Bouton	G	1902	
Bugatti	56	1931		De Dion-Bouton	G	1902	
Bugatti	57 S	1937		De Dion-Bouton	O	1902	
Bugatti	57 SC	1938		De Dion-Bouton	S	1903	
Bugatti	57 SC	1937		De Dion-Bouton	AB	1905	

PRAKTISCHER MUSEUMSFÜHRER

Marke	Typ	Baujahr	Seite im Buch	Marke	Typ	Baujahr	Seite im Buch
De Dion-Bouton	CL	1910		Ford	Vedette	1952	
De Dion-Bouton	**AW**	**1908**	**42**	Ford	A	1930	
De Dion-Bouton	DX	1913		Ford	RS 200	1986	
De Dion-Bouton	**DH**	**1912**	**43**	Fouillaron	10 HP	1906	
De Dion-Bouton	BO 2	1909		Georges-Richard	Poney Type 1	1900	
De Dion-Bouton	BS	1909		Georges-Richard	Poney Série E	1897	
De Dion-Bouton	DH	1912		Georges-Richard		1894	
De Dion-Bouton	BG	1908		Gladiator	12 HP	1907	
De Dion-Bouton	EJ 2	1914		Gordini	32	1955	
De Dion-Bouton	AL	1906		Gordini	32	1956	
De Dion-Bouton	V	1904		Gordini	16	1953	
De Dion-Bouton	V	1904		Gordini	16	1952	
De Dion-Bouton	**J Populaire**	**1902**	**41**	**Gordini**	**17 S**	**1953**	**55**
De Dion-Bouton	L	1902		Gordini	20 S	1952	
De Dion-Bouton	G	1901		Gordini	20 S	1954	
De Dion-Bouton	G	1901		Gordini	23 S	1953	
De Dion-Bouton	G	1901		**Gordini**	**26 S**	**1953**	**56**
De Dion-Bouton	G	1901		Gordini	24 S	1957	
De Dion-Bouton	G	1901		Gordini	24 S	1953	
De Dion-Bouton	E	1901		Grégoire	6/8 HP	1910	
De Dion-Bouton	AU	1907		Hanser	Racer	1953	
De Dion-Bouton	**Tricycle**	**1898**	**40**	Hanser	Caisse Savon	1949	
De Dion-Bouton	Tricycle	1899		Harley-Davidson	Moto	1940	
Decauville	10 HP	1903		Harley-Davidson	Moto type 16	1916	
Delage	F	1908		Hispano Suiza	K6	1935	
Delage	F	1909		**Hispano Suiza**	**Alphonse XIII**	**1912**	**60**
Delage	D6-11	1933		**Hispano Suiza**	**H 6 B**	**1927**	**61**
Delahaye	28 A	1908		**Hispano Suiza**	**K 6**	**1934**	**63**
Delahaye		1912		Hispano Suiza	J 12	1933	
Delahaye	32	1914		**Hispano Suiza**	**J 12**	**1934**	**62**
Delahaye	**135 M**	**1949**	**127**	Hispano Suiza	J 12	1933	
Delaunay-Belleville	F6	1909		Horch	830	1935	
Delaunay-Belleville	HB 6	1912		Horch	450	1931	
Dufaux	**100/120 PS**	**1904**	**128**	Horch	670	1932	
Esculape		1898		Hotchkiss	AM 2	1927	
Farman	A 6	1923		Hotchkiss-Grégoire	J A G	1953	
Farman	NF 1	1928		Hotchkiss-Grégoire	J A G	1951	
Ferrari	166	1948		Hurtu	23 K	1904	
Ferrari	500/625	1952		Hurtu		1897	
Ferrari	**212**	**1950**	**46**	Indian	Moto	1945	
Ferrari	500/625	1952		Isotta-Fraschini	8 A	1928	
Ferrari	**156B**	**1963**	**48**	Isotta-Fraschini	8 A	1925	
Ferrari	500 TRC	1957		Isotta-Fraschini	8 A	1926	
Ferrari	250 MM	1952		**Jacquot**	**Dampfwagen**	**1878**	**130**
Ferrari	450 AM	1954		Jaguar	E	1966	
Ferrari	**250 LM**	**1964**	**47**	Lancia	Dilambda	1929	
Ferrari	**312 B**	**1970**	**49**	Lancia	Epsilon	1912	
Ferrari	**250 GT**	**1959**	**50**	Lancia	Lambda	1929	
Fiat	**508 S**	**1936**	**129**	Le Gui	B 2	1913	
Fiat	509 A	1926		Le Zèbre	A	1913	
Fiat	500 L	1971		Le Zèbre	C	1913	
Fiat	52 B	1918		Le Zèbre	A	1910	

PRAKTISCHER MUSEUMSFÜHRER

Marke	Typ	Baujahr	Seite im Buch	Marke	Typ	Baujahr	Seite im Buch
Le Zèbre	C	1914		Mercedes-Benz	540 K	1938	
Le Zèbre	A	1910		Mercedes-Benz	500 K	1936	
Le Zèbre	C	1915		Mercedes-Benz	38/250 SS	1929	
Lorraine-Dietrich	E 1 C	1907		Mercedes-Benz	720 SS	1929	
Lotus	**33**	**1963**	131	Mercedes-Benz	720 SSK	1928	
Lotus	24	1962		Mercedes-Benz	720 SSK	1929	
Lotus	18	1961		**Mercedes-Benz**	**W 125**	**1937**	85
Lotus	Super Seven	1963		Mercedes-Benz	300 SLR	1955	
M.A.F.	FF-5/14 PS	1914		Minerva	AC	1926	
Mac Laren-Peugeot	F 1			Minerva	A H	1928	
Maserati	**2000**	**1930**	66	Monet-Goyon	MV	1924	
Maserati	**8 CM**	**1933**	77	Monet-Goyon	MV	1925	
Maserati	4 CLT	1948		Mors	SSS	1923	
Maserati	6 CM	1936		Mors	N	1910	
Maserati	4 CL	1939		Moto-Peugeot			
Maserati	**250 F**	**1957**	79	Neracar	CK1 Simplex	1921	
Maserati	250 F	1956		Neracar	CK1 Simplex	1921	
Maserati	**300 S**	**1955**	78	O.M.	665 MM	1931	
Mathis	Hermès	1904		Panhard & Levassor	X49	1917	
Mathis	**P**	**1924**	132	Panhard & Levassor	X26	1915	
Maurer-Union	18	1900		Panhard & Levassor	X12	1912	
Maybach	DS 6	1934		Panhard & Levassor	X8	1911	
Maybach	DS 7	1929		Panhard & Levassor	U1	1906	
Maybach	DS 7	1929		Panhard & Levassor	B	1902	
Maybach	**DS 8**	**1934**	133	Panhard & Levassor		1908	
Maybach	SW 38	1937		Panhard & Levassor	A2	1899	
Maybach	SW 38/42	1937		**Panhard & Levassor**	**A1**	**1898**	90
Maybach	SW 38	1936		Panhard & Levassor		1894	
Menier		1893		Panhard & Levassor	24 CT	1964	
Mercedes	**28/95**	**1924**	83	**Panhard & Levassor**	**X 5**	**1911**	91
Mercedes	400	1925		**Panhard & Levassor**	**DYNA Z 1**	**1956**	94
Mercedes	400	1927		**Panhard & Levassor**	**35 CV**	**1926**	92
Mercedes	600	1928		Panhard & Levassor	„des jardins"	1897	
Mercedes	14/30	1909		Panhard & Levassor	CD Le Mans	1962	
Mercedes	37/70	1906		Panhard & Levassor	X49	1932	
Mercedes	**28/50**	**1905**	82	Panhard & Levassor	X 86	1953	
Mercedes	**170 H**	**1937**	84	**Panhard & Levassor**	**Dynavia**	**1948**	93
Mercedes	6/25/40	1922		Pegaso	Z 102 B	1952	
Mercedes-Benz	300 S	1955		Peugeot	16	1898	
Mercedes-Benz	300 SC	1956		Peugeot	56	1903	
Mercedes-Benz	380	1933		Peugeot	69	1905	
Mercedes-Benz	320	1938		Peugeot	78 A	1906	
Mercedes-Benz	W 154	1939		Peugeot	VC 1	1907	
Mercedes-Benz	W 154	1939		**Peugeot**	**BB**	**1913**	99
Mercedes-Benz	170 V	1938		Peugeot	BB	1913	
Mercedes-Benz	290	1937		Peugeot	BB	1913	
Mercedes-Benz	500 K	1936		Peugeot	BB	1913	
Mercedes-Benz	540 K	1936		Peugeot	BB	1915	
Mercedes-Benz	**300 SL**	**1955**	86	Peugeot		1905	
Mercedes-Benz	770 K	1938		Peugeot	176	1926	
Mercedes-Benz	770 K	1938		Peugeot	174	1924	
Mercedes-Benz	540 K	1938		Peugeot	172	1923	

PRAKTISCHER MUSEUMSFÜHRER

Marke	Typ	Baujahr	Seite im Buch	Marke	Typ	Baujahr	Seite im Buch
Peugeot	161	1922		Rolls Royce	20/25 HP	1934	
Peugeot	**146**	**1913**	**100**	Rolls Royce	20 HP	1927	
Peugeot	99 A	1907		Rolls Royce	20 HP	1925	
Peugeot	26	1902		Rolls Royce	PH II	1930	
Peugeot	17	1898		**Rolls Royce**	**PH III**	**1938**	**117**
Peugeot	**8**	**1893**	**98**	Rolls Royce	PH III	1936	
Peugeot	3	1894		Rolls Royce	PH II	1930	
Peugeot	**202**	**1939**	**101**	Rolls Royce	PH II	1930	
Peugeot	203	1950		**Rolls Royce**	**PH I**	**1928**	**116**
Peugeot	**404**	**1961**	**102**	**Rolls Royce**	**Silver Ghost**	**1921**	**114**
Peugeot	204	1968		Rolls Royce	Silver Ghost	1912	
Peugeot	201 M	1937		**Rolls Royce**	**Silver Cloud S1**	**1958**	**118**
Peugeot	404			**Sage**	**24 HP**	**1906**	**135**
Peugeot	205 T 16			Salmson	VAL 3	1928	
Philos	A 4 M	1914		Scott	Sociable Tricar	1923	
Piccard-Picet	18 HP	1911		Sénéchal	SS	1925	
Piccolo	5 HP	1907		Serpollet	12 HP	1901	
Piccolo	5 HP	1907		Serpollet	A	1902	
Piccolo	5 HP	1906		**Serpollet**	**H**	**1902**	**136**
Pilain	4 D	1910		Serpollet	D	1901	
Pilain	4-O	1911		Serpollet	L	1903	
Porsche	**908 LH**	**1968**	**134**	Simca-Gordini	8	1939	
Porsche	935	1976		**Simca-Gordini**	**Simca 5**	**1937**	**54**
Porsche	936	1981		Simca-Gordini		1950	
Porsche	959	1986		Sizaire-Naudin	12 HP	1908	
Porsche	956 C	1982		Soncin		1901	
Porsche	2708 CART	1988		Standard-Swallow	SS 1	1934	
Ravel	9 HP	1927		Steyr	220	1938	
Renault	T	1904		Talbot	26 C	1949	
Renault	NC	1903		**Talbot**	**26 C**	**1948**	**137**
Renault	AX	1910		Tatra	87	1948	
Renault	AX	1911		Trabant	601 LS	1986	
Renault	AX	1911		Turicum	D 1	1910	
Renault	AX	1911		Vaillante	Mystère		
Renault	AX	1911		Vélo	„Michaud"		
Renault	AX	1911		Vélo	„Michaud"		
Renault	AG1	1907		Vélo	„Michaud"		
Renault	**AG1**	**1908**	**106**	Vélo	„Michaud"		
Renault	**EU**	**1919**	**107**	Vélo	Grand Bi		
Renault	EU	1920		Vélo	Grand Bi		
Renault	**40 CV**	**1924**	**108**	Vélo	„Michaud"		
Renault	D	1901		Vélo Goldschmitt	Grand Bi		
Renault	C	1900		Vélo Peugeot		1895	
Renault	**4CV**	**1956**	**109**	Vermorel	2	1899	
Renault	Celta 4	1937		Violet-Bogey	A	1913	
Renault	**R 16 TS**	**1968**	**110**	Voisin	C 28	1936	
Renault	MT	1923		Voisin	C 14	1930	
Rheda		1899		Voisin	C 7	1927	
Richard-Brasier		1910		Volkswagen	1200	1951	
Rippert	12 HP	1902		Zedel	C1	1911	
Rochet-Schneider	12 HP	1911		Zedel	CA	1909	
Rolls Royce	W.O.	1920					
Rolls Royce	**Silver Ghost**	**1924**	**115**				

MASERATI

— 1933 —
Typ 8 CM

Sie hielten zusammen wie Pech und Schwefel. Schon 1910 hatten sich die fünf Brüder Maserati – Alfieri, Ernesto, Bindo, Ettore und Carlo – in den Autorennsport gestürzt. Ab 1926 starteten sie in ihren eigenen Wagen, auf denen das Wahrzeichen ihres Firmensitzes Bologna, der Dreizack, prangte. Die Maseratis 8 CM mit 3-Liter-Kompressormotor maßen sich mit den Alfas von Nuvolari und errangen mit Alfieri oder Ernesto am Steuer schöne Siege. Bald kamen weitere große Fahrer hinzu, etwa Varzi, Fagioli und Biondetti. Auch Privatwagen leisteten ihren Beitrag, so dieser 8 CM mit der Kodezahl 1204, mit dem Philippe Etancelin beim Grand Prix von Dieppe 1934 siegreich ins Ziel fuhr.

„Gentleman Driver" Philippe Etancelin

Phi-Phi Etancelin, der im Rennen die Mütze verkehrt herum trug, zählt zu den anziehendsten französischen Rennfahrern. Er fuhr kühn, aber nicht riskant, war bissig, aber immer freundlich, kämpferisch, aber immer fair. In über 25 Rennjahren fuhr er eine Reihe großer Siege zusammen. Er zeichnete sich ebenso in Bergrennen wie in Grand-Prix- und Langstreckenrennen aus und siegte u. a. auf Alfa Romeo bei den 24 Stunden von Le Mans 1934, gleich bei seiner ersten Teilnahme an diesem legendären Rennen! Als sich Phi-Phi Etancelin 1953 mit 57 Jahren aus dem Rennbetrieb zurückzog, konnte man ihn wirklich als „Gentleman Driver" bezeichnen.

— 1955 —
Typ 300 S

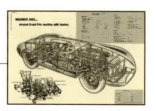

Wegen finanzieller Probleme aufgrund der enormen Rennsportkosten mussten die Brüder Maserati ihre Firma dem Industriellen Orsi abtreten. 1953 stellte dieser den Ingenieur Colombo ein, der sich schon bei Alfa Romeo und Ferrari bewährt hatte. Die 300-S-Sportwagen mit dem vom Renn-Achtzylinder abgeleiteten Motor schlugen sich tapfer mit Ferrari um die Markenweltmeisterschaft, deren Prestige ständig zunahm und sich auf den Absatz auswirkte. Mehrere große Rennställe fuhren Maserati-Ein- oder Zweisitzer wie diesen 300 S des Centro-Sud-Teams mit der Kodezahl 1210.

Ist das noch vernünftig?

*Der Sportwagen, um 1910 gleichbedeutend mit Reisen bei offenem Verdeck, wurde in der Folge zu einer leistungsstarken Rennmaschine. Er war umstritten und wird es immer bleiben, schon wegen seiner Kosten: „Wirtschaftlich ist das unsinnig! Doppelt oder drei Mal so viel auszugeben, um die gleichen Leistungen wie die einer Reiselimousine zu erhalten, die doppelt so viele Insassen mitsamt Gepäck befördert, setzt erstaunliche Kaufmotive voraus! Sind wir noch vernünftig?"
Über diese Sätze sollte man nachdenken. Gesagt hat sie 1990 ein Hersteller, dessen Seriosität und Kompetenz außer Frage stehen: Es war kein Geringerer als Ferry Porsche.*

— 1957 —
Typ 250 F

Wegen der Rennerfolge von Maserati stieß Juan Manuel Fangio 1957 zum Werksteam, wo er Stirling Moss ersetzte. Mit Hilfe der Leistung des 250 F (2500-cm³-Reihensechszylinder, 290 PS und über 280 km/h) und seiner Begabung als Feinabstimmer gelang es dem illustren Rennfahrer, ein fünftes Mal den Weltmeistertitel zu erringen. Das aufregendste Rennen der Saison war der Große Preis von Deutschland, bei dem es ein unvergessliches Ringen zwischen ihm, Peter Collins und Mike Hawthorn gab. Hinterher erklärte Fangio: „Nie wieder fahre ich so riskant …"

Der Trick mit dem Sog

Trotz Juan Manuel Fangios enormem Können waren ihm seine Gegner mitunter bei der Höchstgeschwindigkeit überlegen. Mehrfach nutzte er in Rennen das Phänomen des „Sogs", um sie trotzdem zu überholen. Die von einem schnell fahrenden Wagen erzeugten Luftturbulenzen lassen nämlich hinter ihm einen Unterdruck entstehen. Das folgende Fahrzeug kann – was nicht ungefährlich ist – dicht auffahren und in den Bereich der Turbulenzen eindringen; dann wird es von dem gegnerischen Wagen buchstäblich „angesogen". Bietet sich eine Gelegenheit, kann der Fahrer das Gaspedal durchtreten und die durch die Sogwirkung „gesparten" PS einsetzen, um den Gegner zu überholen. Noch heute wird das Phänomen viel von Fahrern genutzt, die vor Risiken nicht zu sehr zurückschrecken.

MERCEDES

Der dreistrahlige Stern

Erde, Meer und Luft: Die Strahlen des Mercedessterns symbolisieren die drei Elemente, auf bzw. in denen sich von der Firma gebauten Motoren bewährten. Er entstand aus der Verschmelzung der Firmenembleme von Daimler-Mercedes und von Benz. Der in einem Kreis stehende stilisierte Stern bleib seit 1933 fast unverändert.

Mondäne Autowelt: Eine Vorführung.

Hochzeit zu dritt

D er wohlhabende österreichische Autofan Jellinek schätzte ganz besonders Daimler. 1901 schlug er der Firma vor, für sie ein moderneres, leistungsstärkeres Modell zu entwickeln. Für diese Baureihe, der Jellinek hübscherweise den Vornamen seiner Tochter Mercedes gab, bekam er einen Exklusivvertrag für die USA und mehrere Länder Europas.

Ein Stahlchassis – zu einer Zeit, da man im Allgemeinen Holz verwendete – verschaffte dem Mercedes eine erstaunliche Straßenlage. Von Anfang an genoss die Marke den Ruf hoher Qualität.

Finanzielle Schwierigkeiten veranlassten Benz und Mercedes Anfang der 20er Jahre, ihre Kräfte zu vereinigen. 1926 gründeten die beiden Hersteller die Daimler-Benz AG; ihre Pkws und Lkws wurden unter der Marke Mercedes-Benz verkauft. Ein gewisser Herr Porsche, ab 1922 Technischer Direktor von Mercedes, machte die Marke zu einer der führenden der Welt, sowohl bei Pkws als auch im Motorsport. Mercedes und Auto Union dominierten im Autorennsport praktisch die ganzen 30er Jahre über.

Nach dem Zweiten Weltkrieg nahm Mercedes rasch die Produktion wieder auf und fuhr von neuem erfolgreich Rennen, bis zu dem tragischen Unfall beim 24-Stunden-Rennen von Le Mans 1955. Bei der Katastrophe gab es über 80 Tote und 100 Verletzte. Mercedes zog sich ganz aus dem Rennsport zurück und konzentrierte sich ausschließlich auf Pkws und Nutzfahrzeuge höchster Qualität.

Mercedes-Simplex mit seitlichem Einstieg, Modell 1901.

— 1905 —
Typ 28/50

Schon die ersten Mercedes-Modelle verdankten ihren Erfolg perfekter Verarbeitung und beeindruckender Zuverlässigkeit. Das galt natürlich auch für die auf Emil Jellineks Anregung 1901 von Daimler präsentierte Baureihe. Der Hubraum, das gewaltige Chassis und das Gesamtgewicht des 28/50 sprengten den Rahmen des Üblichen; seine Höchstgeschwindigkeit von 80 km/h allerdings erreichte er nur mühsam. Der Fahrer musste weit voraus denken und körperlich fit sein; vor allem das Bremsen erforderte kräftige Waden. So dass der Hersteller sogar eine Notbremse mit einem langen Hebel einbaute, an dem die Fondpassagiere gegebenenfalls ziehen mussten …

Zahlen und Buchstaben

Von den ersten Anfängen des Automobils an folgten die Modellbezeichnungen zwei verschiedenen Traditionen: nüchtern oder phantasievoll. Die ersten Autos wurden oft nach ihrer Leistung bezeichnet (in Frankreich HP, später CV), andere aber übernahmen den Namen eines Rennens, in dem sie gesiegt hatten (z. B. der Panhard Paris-Amsterdam). Manche Hersteller wie Mercedes mit – ab 1907 – Angabe der Steuer- und der echten PS zugleich, Peugeot mit seinen Seriennummern oder Bugatti mit wachsenden Zahlen (35, 41, 55) blieben der nüchternen Tradition treu. Andere, so Jenatzky und seine „Jamais Contente" („Nie zufrieden", s. Foto oben) oder Rolls Royce, mit geheimnisvollen Silver Ghosts und Phantomen, lagen im Phantasie-Trend.

— 1924 —
Typ 28/95

Unter der Leitung von Ferdinand Porsche, Technischer Direktor von Daimler-Mercedes von 1923 bis 1929, entstand eine Reihe hervorragender Fahrzeuge, bei denen ein großzügiges Chassis für geräumige Karosserien mit durchaus anständigen Fahrleistungen durch starke, problemlose Motoren kombiniert war. Dieses sehr schöne Torpedo illustriert Porsches Prinzip in perfekter Weise. Angetrieben wurde es durch einen 7,2-Liter-Sechszylinder mit 90 PS. Trotz fast 2300 kg Gesamtgewicht erreichte es 120 km/h und war dank perfekter Bremsen und Lenkung leicht zu beherrschen. Dieses Exemplar, das noch über das komplette Originalzubehör verfügt, gelangte 1963 in die Sammlung.

Rechts? Nein, links!

Linkslenkung erscheint heute den Autofahrern der meisten Länder als das Natürlichste. Das war nicht immer so. Auf einem Pferdefuhrwerk musste der Kutscher die Peitsche mit der Hand schwingen, in der er die meiste Kraft und Geschicklichkeit hatte. Da die Menschen mehrheitlich Rechtshänder sind, saß der Kutscher rechts, ebenso die Bremse. Während bereits wie heute Rechtsverkehr herrschte, wurden deshalb auch die ersten Autos rechts gelenkt. Doch mit wachsender Verkehrsdichte wurde dieses Prinzip in Frage gestellt, denn wenn sich zwei Wagen begegneten oder überholten, stellten sich Probleme. In Frankreich ging der Streit um Rechts- oder Linkslenkung bis zum Zweiten Weltkrieg.

— 1937 —
Typ 170 H

Die Ähnlichkeit dieses Wagens mit dem berühmten VW-Käfer ist kein Zufall. Beide nämlich wurden von Ferdinand Porsche entworfen, der während seiner Zeit bei Mercedes an einem Kleinwagen mit Heckmotor arbeitete. Die Pläne blieben in der Schublade, bis seine Nachfolger sie wieder hervorholten, als Hitler das Projekt zum Bau eines Autos fürs Volk forcierte. Die Mercedes-Techniker modifizierten das Originalkonzept durch einen wassergekühlten Motor, der hinter der Hinterachse eingebaut wurde. Letztlich wurde dieses Modell, das 110 km/h lief, aber eine schlechte Straßenlage hatte, nur wenig verkauft.

Entwürfe zum „Käfer"

Manche Erfindungen bleiben für immer mit dem Namen eines Mannes verbunden, der u. U. nur als Katalysator oder Feinentwickler fungierte. Das gilt für den Ingenieur Jean-Albert Grégoire und den Frontantrieb, für Bugatti und den Kompressor oder für Porsche und den Boxermotor. Der österreichische Ingenieur hatte zwar den Prototyp des Volkswagens entworfen, doch die Eingebung zu dieser originellen Zylinderanordnung, durch die der Motor niedriger wird, hatten andere vor ihm gehabt. Zutreffend jedoch ist, dass die Idee zum „Käfer" Ferdinand Porsche lange verfolgte, denn „Urformen" des berühmten Autos zeichnete er bei allen Herstellern, bei denen er gearbeitet hat: Wanderer, DKW und Mercedes.

— 1937 —
Typ W125

Ende der 30er schlug die Stunde der reinen Rennwagen. Das neue Grand-Prix-Reglement beschränkte das Fahrzeuggewicht auf 750 kg, jedoch ohne Hubraumbegrenzung. Daraufhin konstruierte Mercedes unter der Kodenummer W 125 einen Rennwagen, der alles Dagewesene in den Schatten stellte. Durch Einsatz von Leichtmetall-legierungen (Aluminium, Magnesium) wurde Gewicht gespart, was den Einbau eines 5560-cm^3-Achtzylinders mit knapp 660 PS ermöglichte! Er erreichte 320 km/h. Unter der Leitung von Alfred Neubauer waren die von Rudolf Caracciola und Hermann Lang gesteuerten Boliden bald auf Sieg abonniert.

Der Fahrer mit dem gebrochenen Finger

Hermann Lang war Testfahrer des Mercedes-Rennstalls, als ihm 1934 angeboten wurde, im „2000-km-Rennen" das Steuer eines Wagens zu übernehmen. Der Erfolg war eine Goldmedaille – und eine Karriere als „Werksfahrer". Hermann Lang ist der einzige Rennfahrer, der drei Mal den Großen Preis von Tripoli gewann, eines der schwierigsten Rennen der Welt. Bekannt aber ist er vor allem durch den Großen Preis von Deutschland 1936, bei dem er auf dem zweiten Platz liegend aufgeben musste, weil er sich bei einem zu abrupten Gangwechsel einen Finger gebrochen hatte. Als bald darauf ein anderer Fahrer des Rennstalls gleichfalls aufgab, stieg er in dessen Wagen und beendete das Rennen mit gebrochenem Finger.

—1955—
Typ 300 SL

Im Jahre 1955 war das Mercedes-Image auf seinem Höhepunkt. Der 300 SLR gewann alle Weltmeisterschaftsläufe in der Sportwagenklasse und Juan Manuel Fangio stand im Begriff, mit dem W 196 zum vierten Mal F1-Weltmeister zu werden. Diesen günstigen Moment wählte die Firma, um ein Modell zu präsentieren, das – Ausnahmen bestätigen die Regel – durch seine originelle Karosserie alle Mitbewerber überraschte. Da der Rahmen aus Stahlrohrgitterwerk seitlich weit hochgezogen war, gingen die Türen nach oben auf, wie Schmetterlingsflügel. Ebenso wie seine Erfolge (1952 Sieg der Rennversion in Le Mans) machte dieses Design den Wagen außerordentlich bekannt.

Die Katastrophe von Le Mans

Das 24-Stunden-Rennen von Le Mans war 1955 Schauplatz der schlimmsten Katastrophe der Motorsportgeschichte. Während des Rennens scherte Lance Macklin mit seinem Austin Healey aus, um nicht auf den plötzlich abbremsenden Jaguar von Mike Hawthorn zu prallen. Dadurch rammte er den Mercedes 300 SLR des Franzosen Levegh. Während der Austin mehrere Zuschauer überfuhr, wurden die abgerissene Vorderachse und der Motor des Mercedes in die Menge geschleudert. Es gab über 80 Tote, darunter Levegh. Dieser Unfall löste heiße Debatten über die Sicherheit der Rennstrecken aus. Besonders die Haltung der Sportkommissare wurde angegriffen: Sie hatten sich geweigert, das Rennen abzubrechen, was die Hilfeleistung für die Verletzten stark behinderte.

— Frauen am Steuer —

Beim Start zum Rennen Paris-Madrid 1903 war die Zuschauermenge noch verblüfft, unter den Rennfahrern eine Frau zu sehen. Aber sehr bald hatten die Frauen ihren Platz im Motorsport erobert. Zwei Fahrerinnen stellten 1927 und 1934 mit 124 bzw. 237 km/h Geschwindigkeitsweltrekorde auf! Anfang der 30er erfanden um ihre weibliche Kundschaft besorgte Automobilhersteller Modelle, deren Motor automatisch wieder ansprang, wenn die Fahrerin (oder der Fahrer) ihn abwürgte. Diese zu komplizierte Innovation musste leider wieder aufgegeben werden.

PANHARD

Das Panhard-Archiv

Für Panhard-Freunde ist das Museum das Gedächtnis der Firma. Denn hier wird ihr Archiv aufbewahrt: Technische und geschäftliche Unterlagen – ergänzt durch ein umfangreiches Fotoarchiv und durch Objekte (u. a. Trophäen) – stellen für Firmenhistoriker und Sammler einen wahren Schatz dar.

Auch der Hund wird vor Staub und Fahrtwind geschützt.

& LEVASSOR

Die Firma, die einst die Automobilindustrie begründete

Am 30. Oktober 1891 lieferte die Firma Panhard & Levassor an einen gewissen Monsieur Verlinde ein motorgetriebenes Fahrzeug, das dieser bestellt hatte. So weit nichts Besonderes, bloß dass es sich um den allerersten Autoverkauf der Geschichte handelte. So kann sich die französische Firma rühmen, die Automobilindustrie überhaupt begründet zu haben.

Bis Anfang des 20. Jahrhunderts beherrschte Panhard & Levassor diesen entstehenden Markt. Die Fahrzeuge waren den Konkurrenzmodellen technisch überlegen und dem Verkauf kam eine Werbestrategie zugute, die auf massivem Engagement im Motorsport und an Prestigeveranstaltungen aufbaute. Ab 1910 bot die Firma Autos mit leise laufendem Schiebermotor an, die ausgezeichnete Langstreckenqualitäten besaßen und den Ruf der Marke in puncto Robustheit und Qualität bestätigten.

Ein neuer Kurs wurde 1945 eingeschlagen: Das Unternehmen nahm Abschied von den Vorkriegskonzepten und konzentrierte sich auf einen kleinen, preiswerten Wagen: den Dyna, der großen Anklang fand. Trotz eines Modellprogramms von bemerkenswerter Modernität wuchsen in den 60er Jahren die geschäftlichen Probleme. Nach 75 Jahren Automobilbau wurde Panhard 1965 von Citroën übernommen.

Das Pariser Périn-Panhard-Werk an der Porte d'Ivry 1893 vor Errichtung der Fertigungshalle für Automobile

— 1898 —
Typ A1

Laut dem Firmenarchiv wurde dieses wunderschöne Landaulet am 5. September 1898 an Monsieur E. Bouhey in Paris verkauft. Seine Karosserie ist das Werk des in den 20er und 30er Jahren als Karossier von Luxuswagen berühmten Binder. Der Motor hat Phénix-Glühzündung und wurde von Panhard entwickelt. Das war etwas Neues, denn Panhard baute bis dahin Daimler-Motoren ein, da der deutsche Hersteller als Erster relativ zuverlässige Motoren mit wenig Platzbedarf entwickelt hatte. Diese frühe Zusammenarbeit beweist, dass der Austausch zwischen europäischen Herstellern so alt ist wie die Automobilgeschichte!

Eine Frau geht ihren Weg

Monsieur Sarazin, der französische Daimler-Vertreter, starb 1888 nach kurzer Krankheit. Gottlieb Daimler schrieb sofort an Louise Sarazin und bat sie, das Werk ihres Mannes weiterzuführen. Seit 1876 hatte die Firma Périn, Panhard et Cie, 1886 zu Panhard & Levassor geworden, in Zusammenarbeit mit Sarazin Motoren unter Daimler-Lizenz gefertigt und verkauft. Louise wurde von Émile Levassor anfangs kühl empfangen: Mit Frauen spricht man nicht über Geschäfte. Doch dann brachte die junge Witwe durch ihre Seriosität und Überzeugungskraft Levassor dazu, mit ihr nach Cannstatt, dem Sitz von Daimler, zu fahren. Diese Reise besiegelte die Zusammenarbeit zwischen den beiden Firmen und das weitere Leben von Louise Sarazin, die am 17. Mai 1890 Madame Levassor wurde.

PANHARD & LEVASSOR

— 1911 —
Typ X5

Diese 1987 vom Museum erworbene, prachtvolle dreitürige Limousine ist in hervorragendem Originalzustand. Trotz ihres hohen Alters ist sie immer äußerst gutwillig zu Ausfahrten bereit, selbst unter schlechtesten Witterungsbedingungen. Doch dieses Juwel unter den fahrbereiten Autos des Museums besitzt noch einen weiteren Ruhmestitel: Es zählt zu den „Künstlern" der Sammlung, denn es spielt neben Fernand Gravey in dem Film „Minouche" mit.

Das „Necessaire" des perfekten Autofahrers von 1904

1 Wagenheber, 1 Bremsband,
1 Hammer, 1 Handschraubstock,
mehrere Feilen, 1 Fahrzeugzange,
Lappen, 1 Flachzange, Draht,
1 Schraubenzieher, etwas Strick,
zwei Tuben Gummi, 1 Senkwaage,
1 Ölkännchen, 1 Petroleumkännchen,
1 Satz Stifte, 1 Segeltucheimer,
1 Asbeststrick, Asbestkarton, 2 Trichter
mit Sieb, 1 Kette, 1 Satz Asbestdichtungen,
Brennspiritus, ein paar Kettenglieder,
Reifenschläuche, 1 Dose Staufferfett,
1 lederbezogener Pumpenschwengel,
Luftpumpen u. a. Insgesamt wurden
über 50 Werkzeuge empfohlen.

— 1926 —
35 CV

In den 20er Jahren, als sich die meisten großen französischen Hersteller im Motorsport auszeichneten, verschwand Panhard, der um die Jahrhundertwende in diesem Bereich dominiert hatte, völlig von den Siegertreppchen der prestigeträchtigen Rennen. Der neue Firmenchef Paul Panhard beschloss, das sportliche Image der Marke aufzubessern und ging auf die Jagd nach Rekorden. Dabei sollte durch Einsatz von modifizierten Normalchassis der technische Vorsprung der Firma genutzt werden. So entstand u. a. als Einzelexemplar dieser 35 CV mit 290 PS, eine Leihgabe der Firma Panhard & Levassor und letzter erhaltener Rekord-Panhard.

Jahrhundert der Rekorde

Februar 1934: Am Steuer dieses Monsterautos stellte George Eyston mit 214,064 km einen neuen Stundenweltrekord auf. Anschließend widmete sich der Brite der Königsdisziplin der Automobilrekorde, dem absoluten Geschwindigkeitsrekord. In einem Thunderbolt mit zwei Rolls-Royce-Flugzeugmotoren stellte er 1937/38 drei neue Weltrekorde auf und erreichte 557,5 km/h. Wenige Jahre zuvor, 1899, war Camille Jenatzky, der erste Weltrekordhalter, mit seinem Elektroauto „Jamais Contente" auf knapp über 100 km/h gekommen. Anfang Oktober 1997 schaffte Andy Green, ein weiterer Brite, 1240,77 km/h am Steuer eines Autos – oder eher einer Rakete auf Rädern!

PANHARD & LEVASSOR

— 1948 —
Dynavia

Mit seiner Karosserie in Tropfenform war der Prototyp des Dynavia im „Flugzeugdesign" das große Ereignis des Pariser Autosalons 1948. Durch seinen außergewöhnlichen Luftwiderstandsbeiwert, der den der besten Autos von Heute noch unterbietet, war er unglaublich sparsam (unter 3,5 Liter auf 100 km). Statt zwei Scheinwerfern hatte er nur einen besonders starken in der Mitte, der zugleich als Nebelscheinwerfer fungierte, und außerdem experimentelle Begrenzungsleuchten. Ein Großteil der Innovationen des Dynavia wurde bei der Konstruktion des Dyna Z1 übernommen.

Im Museum ist das einzige erhaltene Exemplar ausgestellt, eine Leihgabe der Firma Panhard & Levassor.

Stromlinienformen

Der Dynavia verbrauchte dank seiner speziellen „Flugzeug"-Karosserie nicht mehr als 3,5 Liter auf 100 km. In Frankreich maßen Panhard, Voisin und Citroën der Windschlüpfigkeit sehr früh große Bedeutung bei. Ab den 30er Jahren war es Mode, den Luftwiderstand zu verringern, um Leistungsausbeute und optischen Auftritt der Modelle zu verbessern. Im Laufe von zwanzig Jahren wurde das Design runder und schlanker – und die Arbeit der Karossiers wurde revolutioniert. Der Kühler schrumpfte, Kotflügel, Scheinwerfer und Stoßfänger wurden in die Karosserie integriert. Die Motorhaube wurde niedriger, die Frontscheibe ging fließend ins Dach über, und hinten entstand ein mehr oder weniger großer Kofferraum.

— 1956 —
Dyna Z1

Im Jahre 1946 hatte Panhard die Pkw-Welt mit den kleinen Dyna-Limousinen verblüfft. Eine weitere Sensation war 1953 der Dyna Z1. Erstens überraschte er durch sein Karosseriedesign, denn der Hersteller hatte stark an der Windschlüpfigkeit gearbeitet, wodurch der Wagen eine ungewohnte Linienführung erhielt. Doch die ersten Käufer wussten schnell seine weiteren Qualitäten zu schätzen: Geräumigkeit, Komfort, Sicherheit, Schnelligkeit und vor allem Sparsamkeit. Bei intensivem Betrieb verbrauchte dieses rundliche Gefährt nur 7 Liter auf 100 km. Von Experten gefahren kam es sogar auf so niedrige Verbrauchswerte, dass es in „Economy Runs" nur außer Konkurrenz mitfahren durfte.

Eine weltweit einzigartige Sammlung

Die Museumssammlung an Fahrzeugen der Marke Panhard ist die größte der Welt. Ein Teil der Modelle wurde auf Initiative Jean Panhards (links auf dem Foto) von der Société de Constructions Mécanique Panhard & Levassor als Leihgaben zur Verfügung gestellt.
Bei der Einrichtung des Museums spielte die Firma eine entscheidende Rolle, da sie den Ankauf der Sammlung Schlumpf mitfinanzierte. Von daher ist die Firma Panhard & Levassor Mitglied des Trägervereins. Zur Fahrzeugsammlung hinzu kommt das gesamte Unternehmensarchiv, das für Sammler einen wertvollen, sehr geschätzten Informationsfundus darstellt.

— Tankstellen —

Vor dem Ersten Weltkrieg waren Tankstellen in Europa unbekannt. Die Autofahrer mussten sich mit 5-Liter-Kanistern behelfen. Erst die US-Armee machte ab 1917 die Tankstelle in Frankreich populär. Das Auftanken von Motorrädern, Verbindungsfahrzeugen und Truppen-Lkws in den Militärbasen war damals eine echte Bevölkerungsattraktion.

PEUGEOT

Peugeot in Mulhouse

Als das Werk Sochaux zu klein geworden war, wurde das Peugeot-Werk Mulhouse gebaut, anfangs als Zulieferbetrieb für die anderen Standorte. Autos wurden hier ab Anfang der 70er gefertigt; erstes Modell war der 104. 1983 nahm mit der Produktionsaufnahme für den 205 einer der schönsten Erfolge der Firmengeschichte seinen Anfang in Mulhouse.

„Tankwart".

Vom Dampfdreirad zum PSA-Konzern

Korsettstangen, Regenschirmgestelle, Bandsägen, Kaffeemühlen ... Moderne Kunst? Nein, bloß eine Andeutung, was Peugeot Ende des 19. Jahrhunderts alles produzierte. In der Stahlverarbeitung hatte sich die Firma bereits einen Namen gemacht, als sie 1989 ein erstes Dampfdreirad präsentierte. Im Vertrauen auf die Zukunft des neuen Fortbewegungsmittels gründete Armand Peugeot 1896 die Société des Automobiles Peugeot. Die Marke zeichnete sich in Rennen aus und stellte nebenbei ein paar Rekorde auf.

Kurz vor dem Ersten Weltkrieg beschäftigte Peugeot 2500 Mitarbeiter, die jährlich nicht weniger als 10 000 Autos und 80 000 Fahrräder produzierten. 1918 baute Peugeot seine durch den Krieg stark beschädigten Werke wieder auf und konzentrierte den Pkw-Bereich in Sochaux-Montbéliard. 1928 ging die Firma zur Massenfertigung über. Zehn Jahre später hatte der 202 einen Riesenerfolg und im Standort Sochaux arbeiteten 13 000 Menschen.

Mit Ausgang des Zweiten Weltkriegs ein weiterer Schicksalsschlag: Die Werke waren geplündert, das Personal in alle Winde zerstreut. Peugeot begann trotzdem neu und präsentierte den Franzosen 1949 den 203.

Anfang der 60er liefen etwa 260 000 Fahrzeuge vom Band. 1961 errichtete Peugeot das Werk Mulhouse. Die Firma fusionierte 1976 mit Citroën und wurde zur PSA-Gruppe, die noch heute aktuell ist.

Das Peugeot-Werk der Frühzeit.

Typ 8
— 1893 —

Der berühmte Zweizylinder-V-Motor von Daimler war trotz seiner kapriziösen Glühzündung allgemein für seine Zuverlässigkeit anerkannt. Als Peugeot ihn in seine Autos einbauen wollte, war er wegen Panhard & Levassors Exklusivlizenz für Daimlers Motor gezwungen, ihn von dem Konkurrenten zu beziehen. Dennoch wuchs die Produktion wegen der Vielfalt der in Valentigney und Beaulieu gebauten Karosserien schnell. Ein weiterer Vorteil für die Marke war die Erfahrung aus dem Fahrradbau, denn der Komfort, den die Elastizität der großen Räder mit Vollgummiauflfläche verschaffte, war sehr geschätzt. Dieser Wagen wurde 1989 in Zusammenarbeit mit der staatlichen Hochschule für Gewerbe und Industrie in Straßburg wieder fahrbereit gemacht.

Wie tolle Hunde ...

„Gestern abend um sechs wäre ich an der Rue de Courcelles mit meiner Frau und meinen Kindern von einem Herrn in einem Automobil, der mit der Geschwindigkeit einer Lokomotive raste, um ein Haar überfahren worden. Es war selbstverständlich unmöglich, ihn einzuholen. Herr Polizeipräfekt [...], ich habe die Ehre, Sie darauf hinzuweisen, dass ich ab heute mit einem Revolver in der Tasche aus dem Haus gehe und auf den ersten dieser tollen Hunde schießen werde, der die Flucht ergreift, nachdem er mich oder einen meiner Angehörigen gefährdet hat." Hugues Le Roux, ein angesehener Journalist, setzte seine Drohung angeblich nie in die Tat um. Aber seine 1898 in mehreren Zeitungen veröffentlichte Tirade illustriert bereits den Zwist zwischen Autofans und Autogegnern.

—1913—
BB

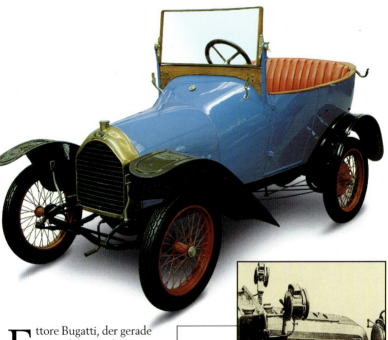

Ettore Bugatti, der gerade in Molsheim die Produktion aufgenommen hatte, mangelte es 1910 noch sehr an Kapital. Er wandte sich an die damaligen großen Hersteller und bot ihnen die Fertigungslizenz eines ausgezeichneten Kleinwagens für einen großen Käuferkreis an. Peugeot war es schließlich, der das Projekt übernahm. Der von Ettore Bugatti entworfene kleine „BB" („bébé": französisch für „Baby") wurde mit 3000 Stück, die unter den Marken Peugeot und Lion verkauft wurden, ein Riesenerfolg. Viele davon wurden exportiert, darunter ein weiterer „BB" unserer Sammlung (Kodezahl 1408), der nach Tientsin in China ging!

Und es ward Licht!

*Die Kerze eignete sich für das bescheidene Tempo von Kutschen, aber als Autobeleuchtung hielt sie nicht lange durch. Mit steigender Geschwindigkeit der Automobile wich sie der Petroleumlampe. Dieses seit langem für Lokomotiven verwandte System wurde durch Einführung der Karbidlampe perfektioniert. Ab da diente die Beleuchtung zum Sehen, nicht bloß zum Gesehen-Werden. Ab 1910 setzte sich allmählich elektrisches Licht durch: Die Glühbirnen hatten sich weiterentwickelt und verkrafteten nun die Erschütterungen durch Motor und Fahrbahn.
In den 60er Jahren verbesserte sich die Beleuchtung durch Halogenlampen.*

—1913—
Typ 146

Wegen der Fertigungsqualität und der Solidität der Autos mit dem Löwenwappen wurden die ersten Peugeot-Werke in der Franche Comté (Audincourt, Valentigney, Beaulieu) bald zu klein. Weitere Standorte mussten in Lille und Issy-les-Moulineaux eingerichtet werden. Das Werk in Lille lieferte die schweren Peugeots von vor 1914, so diesen imposanten, aber eleganten Typ 146. Während des Kriegs dienten mehrere dieser Fahrzeuge, die vollbeladen fast 80 km/h erreichten, als Generalstabs oder Sanitätsfahrzeuge. Später wurden sie zu Feuerwehrfahrzeugen umgebaut, da das Chassis für die spezielle Ausrüstung groß genug war.

Der Peugeot-Löwe

In durchaus zeitgenössischer Version schmückt noch heute der König der Tiere die Modelle des Herstellers. Seit 1858, als er erstmals als Markenzeichen der Stahlerzeugnisse von Peugeot auftauchte, hörte er nicht auf, sich zu entwickeln. Ursprünglich wurde der Löwe wegen der Merkmale gewählt, die er mit Peugeot-Sägen gemeinsam hatte: starke Zähne, Geschmeidigkeit (des Sägeblatts) und Schnelligkeit (des Sägens). Der Peugeot Lion war 1906 das erste Auto mit dem inzwischen legendären Symbol.

— 1939 —
202

Nach der beliebten Serie 201 mit Stromlinien-Design (der „Sochaux-Spindelförming") kehrte Peugeot zu einem nüchterneren Modell zurück, das nach Adam Riese 202 heißen musste. Zwar konnte die kleine Limousine in Sachen Straßenlage nicht mit dem Citroën „Traction" mithalten, doch war sie einfach zu warten und zuverlässig. Sie hatte an einer quer eingebauten Blattfeder einzeln aufgehängte Vorderräder und eine wirkungsvolle Bremsanlage. Nach der Einführung im Jahre 1938 ruhte die Produktion des 202 während des Krieges und lief erst 1946 wieder richtig an. Trotz allem wurden über 139 000 Stück verkauft.

Der ausgestellte 202 wurde dem Museum zum Anlass des 20-jährigen Bestehens des Werks Mulhouse geschenkt.

Rechen-künste

Auf dem Pariser Autosalon 1929 stellte Peugeot den 201 vor, das erste Modell, das statt durch einen Namen durch eine dreiziffrige Zahl bezeichnet wurde. Die erste Ziffer entspricht der Größe des Wagens, die dritte der zeitlichen Abfolge (im Moment ist Peugeot bei der sechsten Baureihe). Die Null dazwischen dient nur als Bindeglied. Von Anfang an fand die Nummerierung Anklang, so dass sich Peugeot alle Kombinationen von 101 bis 909 bis heute schützen ließ. Ganz nebenbei: Als die Firma Porsche 1963 im Begriff war, den neuen 901 zu präsentieren, musste sie ihn im letzten Moment in 911 umtaufen!

— 1961 —
404

Den 404, Nachfolger des beliebten 403, mit dem Peugeot zweitgrößter französischer Hersteller wurde, gab es in verschiedensten Karosserieversionen: Limousine, Coupé, Cabriolet, Familiale, Kombi, Pick-up u. a. Doch vor allem seine robuste, einfache Konstruktion, ergänzt durch exzellente Ersatzteilversorgung, und die Erfolge der Marke bei den großen afrikanischen Rallyes wie der East African Safari machten den 404 zu einer vertrauten Erscheinung bis hin zu den entlegensten Wüstenpisten des Südens. Noch heute gibt es in Nord- und Schwarzafrika keine Straße, auf denen man nicht den unverwüstlichen Peugeot 404 trifft!

Karossier der Könige

403, 404, 504, 104 oder als bisher letzter der 406: Einige der schönsten Peugeots entstanden aus der in den 50er Jahren begonnenen Zusammenarbeit mit der Karosserieschneiderei Pininfarina. Obwohl er nie Aerodynamik studiert hatte, war Battista Farina, genannt „Pinin", einer der Pioniere für gerundete Formen, denn er hatte ein Gefühl für ihre wichtige Rolle beim Fahrverhalten. Seine ab 1930 kreierten Modelle hatten sofort Erfolg und die legendäre Firma Pininfarina wurde bald „Hoflieferant" von Monarchen und Geldadel. Pininfarina arbeitete auch für die italienischen Hersteller Lancia, Fiat und Alfa Romeo und entwarf schöne Sportwagen wie den Alfa Romeo Disco Volante.

— Windschutzscheibe —

Bis 1906 war die schlimmste Plage des Autofahrers der Staub. Zur Abhilfe dachte man sich die seltsamsten Vorrichtungen aus. Kurz nachdem Dr. Guglielminetti 1906 demonstriert hatte, dass die Lösung im Asphaltieren der Straßen bestand, erfand Georges Huillier die „Windschutzscheibe". Sie sollte die Augen vor Insekten, Staub und Fahrtwind schützen. Die frühen Windschutzscheiben bestanden aus einer von zwei Galgen gehaltenen Glasscheibe und waren beweglich befestigt, damit der Fahrer sie zum Einsteigen beiseite klappen konnte.

RENAULT

Blinder Passagier

Schon als kleiner Junge liebte Louis Renault die Mechanik. Anfangs war er unwiderstehlich von Lokomotiven angezogen. So wird erzählt, dass er als Zehnjähriger heimlich mit dem D-Zug die lange Reise von Paris nach Le Havre machte. Als er fünfzehn war, kündigte Louis seiner Familie jedoch an, er werde sein Leben einer neuen Liedenschaft widmen: dem Automobil.

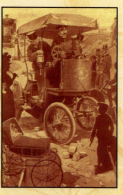

Fahrschule für Fahrer elektrischer Fiaker.

Die Gebrüder Renault
oder Geschichte eines Imperiums

~

Louis war ein hervorragender Mechaniker. Marcel verstand sich auf Geschäfte. Für die Brüder lag es nahe, sich zusammenzutun, um am 25. Februar 1899 gemeinsam eine Firma zu gründen. „Renault Frères" lief schon 1900 bestens. Louis und Marcel machten durch ihre Teilnahme an zahlreichen Autorennen – Paris-Berlin, Paris-Wien – die Firma bekannt. 1903 verunglückte Marcel beim Rennen Paris-Madrid tödlich. Ohne den Lieblingsbruder, dann auch ohne seinen zweiten Bruder Fernand, der 1909 starb, baute Louis Renault in Boulogne-Billancourt bei Paris allein ein Industrieimperium auf. Kurz vor dem Ersten Weltkrieg war Renault ein u. a. wegen seiner Rennerfolge angesehener Hersteller. Das Modellangebot war sehr breit, was während der ganzen Firmenschichte für die Marke charakteristisch blieb. Während des Krieges produzierte Renault jede Art Fahrzeuge und insbesondere seine berühmten leichten Sturmpanzer.

Nach 1918 rationalisierte Renault die Produktion durch Aufteilung in eine beschränkte Anzahl Arbeitsgänge, führte aber anders als Citroën nicht das Fließband ein. Es gab so in der Zeit zwischen den Weltkriegen keinen großen technischen Wandel, nur ein permanentes Bemühen um Qualität.

Frisch verstaatlicht präsentierte Renault 1946 den beliebten 4 CV. Die Franzosen begeisterten sich für das neue Auto und motorisierten sich. 1961 vollzog die Firma eine technische Kehrtwendung und baute ihren ersten Fronttriebler, den R 4 – der weltweit 8 Millionen Käufer überzeugte.

Louis Renaults erste „Voiturette" von 1898.

RENAULT

— 1908 —
Typ AG 1

In den Jahren 1905 bis 1910 folgte die Automobilproduktion sozusagen dem Stabilbaukasten-Prinzip. Die großen Hersteller wie Renault oder De Dion-Bouton boten bis zu zehn verschiedene Motoren an, die in drei oder vier Chassis unterschiedlicher Größe eingebaut wurden, und dazu gab es maßgeschneiderte Karosserien. Der vom Erfolgsmodell AX abgeleitete Typ AG1 bildete keine Ausnahme. Bekannt wurde er jedoch vor allem durch seine Taxi-Version. Einer der größten Kunden war die Taxifirma G7, aber auch viele Hotels sowie Unternehmen, die Autos mit Fahrer vermieteten, hatten „Renault-Taxis", die damals aus dem Pariser Straßenbild nicht wegzudenken waren.

Die Marnetaxis

September 1914. Der Krieg hat kaum begonnen, aber schon zeichnet sich die Niederlage ab: Die deutsche Armee hat die Marne erreicht und nähert sich Paris. Gouverneur Galliéni beschließt, 12 000 Mann Verstärkung an die Front zu schicken. Die Eisenbahn kann nur die Hälfte transportieren. So beschließt man, Taxis zu benutzen: Für den Transport von 6000 Soldaten werden 600 Taxis gebraucht. Am 7. September um 13 Uhr wird der Requirierungsbefehl ausgegeben und die Pariser Taxifahrer setzen ihre Fahrgäste ab, um „in die Schlacht zu ziehen". Die ganze Strecke entlang stehen Pannenfahrzeuge, Benzinvorräte und Ersatzreifen bereit. Am 8. in der Morgendämmerung sind die Truppen in Position und stoppen die deutsche Offensive.

— 1919 —
Typ EU

Wenn sie sich unter der Riesenauswahl an Modellen, die die großen Hersteller anboten, entscheiden mussten, interessierten sich die meisten Kunden zunächst für die Karosseriegestaltung. Sie suchten einen geräumigen, geschlossenen und für die Mitfahrer komfortablen Wagen. Anschließend war ein dem Geldbeutel angemessenes Chassis zu wählen. Die Fahrleistungen waren oft zweitrangig. Trotz seines unterdimensionierten Chassis und magerer 60 km/h war der EU recht erfolgreich, vor allem in der hier ausgestellten Torpedo-Version: Sie war etwas leichter, daher schneller und auch durchzugskräftiger.

Die Geschicke der Renaults

Louis Renault war kaum 21, als er 1898 im Schuppen des elterlichen Anwesens seine erste „Voiturette" („Autochen") baute. Der leichte, solide erste Renault besaß eine damals einzigartige Qualität: leisen Lauf aufgrund einer Innovation mit großer Zukunft, dem Getriebe mit „Direktübertragung". Wegen des Erfolgs seiner Voiturette tat sich Louis für den Verkauf mit seinem Bruder Marcel zusammen. Bei Ausbruch des Ersten Weltkriegs war das Renault-Werk das größte Europas. Doch beide Brüder endeten traurig: Marcel verunglückte 1903 bei dem Rennen Paris-Madrid tödlich, und Louis starb 1944 im Gefängnis, verurteilt wegen Kollaboration mit den Besatzern.

—1924—
Typ 40 CV

Das Image eines Massenherstellers hat es Renault nie erlaubt, sich einen Käuferkreis für Luxuswagen zu erschließen, den sein Snobismus manchmal blind macht. Dabei hielt der Typ NN, der Oberklassen-Renault der 20er Jahre, trotz seiner nicht mehr ganz taufrischen Konzeption durchaus dem Vergleich mit dem Rolls Royce Silver Ghost, dem Hispano Suiza H6 und anderen stand. Ein leiser, elastischer Motor mit über 9 Liter Hubraum beschleunigte den luxuriösen Wagen bis auf 110 km/h. Sein nicht enden wollendes Chassis wurde oft von renommierten Karossiers wie Labourdette oder Kellner als Grundlage prachtvoller Coupés und Landaulets vorgeschlagen, wie z. B. dieses Modell, das ganz besonders sorgfältig verarbeitet ist.

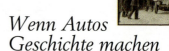

Wenn Autos Geschichte machen

Seit der Frühzeit des Autos hatten Staatschefs einen Fahrzeugpark zu ihrer Verfügung, der die Qualität der Automobilproduktion des Landes widerspiegeln sollte, sofern es eine gab. Manche dieser Wagen wurden berühmt – oder traurig-berühmt. So der Gräf und Stift, in dem Erzherzog Franz-Ferdinand beim Attentat von Sarajewo saß, oder der Lincoln Continental von Kennedy in Dallas, die mit besonders tragischen Momenten unserer Geschichte verbunden sind. In zum Glück weniger trauriger Erinnerung blieben die Hispanos des spanischen Königs Alfonso XIII., die Präsidenten-Renaults der 30er Jahre, der Citroën DS von General de Gaulle, die Rolls des englischen Hofes, die schweren Zil-Limousinen der Kremlchefs ...

RENAULT

— 1956 —
Typ 4 CV

Da der Renault-Ingenieur Fernand Picard den kleinen 4 CV noch während des Krieges konstruiert hatte, konnte schon kurz nach der Befreiung Frankreichs ein preiswertes, einfach konstruiertes und zu wartendes Fahrzeug angeboten werden, das den Erwartungen eines äußerst breiten Kundenkreises entsprach. Zwar war der 4 CV nicht sehr schnell (100 km/h), jedoch recht spritzig, und dank dieses sympathischen Autochens konnten viele Familien ihren ersten bezahlten Urlaub optimal nutzen. Bilder von tapferen „Katschewos", die auf der Nationalstraße 7 – verstopft von gepäckbeladenen Autos – mühsam Anhänger und sogar Wohnwagen der Côte d'Azur entgegenschleppen, sind noch heute Teil unseres kollektiven Gedächtnisses.

Falsches Preisausschreiben

Seinerzeit veranlasste der 4 CV eine Falschmeldung, deren Urheber nie identifiziert wurden. Um 1950 erhielten Renault-Händler in Nordfrankreich Schulhefte von Kindern, die sorgfältig die Zulassungsnummern aller 4 CVs aufgeschrieben hatten, die an ihrer Schule vorbeigefahren waren! Wenig später bekam der Pariser Renault-Vorstand jede Menge empörter Briefe von Eltern, Lehrern und sogar gewählten Volksvertretern, die ihm vorwarfen, die Kinder missbraucht zu haben, indem er ihnen für diese kolossale Zählungsarbeit nicht die versprochenen Gewinne zukommen ließ. Das falsche Preisausschreiben gab schlauen Werbeleuten immerhin die Idee, anlässlich des 500 000. „Katschewo" ... ein echtes zu veranstalten.

— 1968 —
Typ R 16

Zu Zeiten von Louis Renault verdankten die Wagen der Firma ihren Erfolg weniger ihrer Originalität als der Verarbeitungsqualität und dem ausgezeichneten Vertriebsnetz. Das änderte sich mit dem 4 CV und vor allem mit dem R 16. Im Gegensatz zu den klassischen Peugeots und Simcas war der R 16 eine kluge Mischung neuer Ideen: ebener Fahrzeugboden, Frontantrieb, weiche Drehstabfederung, Karosserie mit einer fünften Tür hinten und last not least ein verblüffender Aluminiummotor, mit dem die TS-Version bis zu 170 km/h lief. Dieser Wagen wurde dem Museum 1987 von Herrn und Frau Martin aus Tours geschenkt.

Wenn Billancourt sich erkältet ...

Der Schuppen, in dem der erste Renault entstand, befand sich neben dem Landhaus der Eltern von Louis in Billancourt bei Paris. Auf der nahen Seineinsel Seguin standen damals Ausflugslokale, in die die Pariser Jugend sich amüsieren kam. Als die Firma blühte, kaufte Louis Renault dort Parzelle um Parzelle auf. Bei Ausbruch des Zweiten Weltkriegs nahm das Werk 85 Hektar ein; die Seguin-Insel ähnelte einer in der Seine schwimmenden Fabrik. Nach Louis Tod wurde das Unternehmen verstaatlicht. Es wurde zum Wahrzeichen der Industrie Frankreichs, aber durch gewaltige Arbeitskämpfe auch zu einem sozialen Symbol. Das drückt sich in der bekannten Wendung aus: „Wenn Billancourt sich erkältet, hustet Frankreich."

— **Märtyrer!** —

Um die Jahrhundertwende war Autofahren ein echtes Abenteuer. Die Insassen waren durch keinerlei Verdeck geschützt und mummelten sich in Felle ein. Der Motor wurde angekurbelt, beleuchtet wurde mit Petroleum, gebremst mit Bremsklötzen, die mit Kamelhaargewebe bezogen waren ... Der Alptraum des Autofahrers aber war die Bereifung. Am Straßenrand musste man den beschädigten Reifen demontieren, die Löcher reinigen, Verstärkungen aufbringen, Flicken auf den Schlauch kleben, alles wieder montieren und aufpumpen ... von Hand!

ROLLS

Mr. Rolls oder Onkel Dagobert?

Man kann reich und berühmt sein, 450 Bedienstete beschäftigen und sich dennoch als fürchterlicher Geizkragen aufführen. Der für seinen Humor und seinen Nonkonformismus bekannte Charles Rolls schlief lieber unter freiem Himmel neben seinem Wagen, als ein Hotelzimmer zu nehmen.

Ein Luxuswagen vor 100 Jahren.

Die Begegnung zwischen Charles und Henry

Mit 10 Jahren, einem Alter, in dem der Müllerssohn Henry Royce auf der Straße Zeitungen verkaufte, verkehrte der verwöhnte Charles Rolls in adligen Kreisen. Die beiden waren denkbar verschieden, aber dennoch ... Henry Royce war mit 20 Elektroingenieur geworden und machte sich 1884 in Manchester selbständig. Er verdiente gut und kaufte sich einen Decauville. Bei der Auslieferung weigerte sich der Motor anzuspringen. Aufgebracht beschloss der perfektionistische Royce, selber ein ähnliches Auto zu bauen – aber das auch funktioniert.

1904 begegnete Royce dem wohlhabenden jungen Rolls, einem Tempofanatiker. Der neue Wagen gefiel Charles Rolls sehr und er war bereit, dessen Vertrieb zu übernehmen. Rolls Royce wurde gegründet und 1906 der 40/50 präsentiert. Einer der ersten – mit silberner Karosserie von Barker – wurde Silver Ghost (Silbergespenst) genannt; der Name ging auch auf die anderen Modelle über. Der 40/50 stellte einen Langstreckenrekord auf – 22 500 km, ohne den Motor abzustellen – und 1911 mit einem Schnitt von 163 km/h einen Geschwindigkeitsrekord. Im Vorjahr war Charles Rolls mit dem Flugzeug tödlich abgestürzt. Claude Johnson übernahm die Vertriebsleitung.

Ende der 30er war keiner der beiden Gründer mehr am Leben. Die Firma hatte Bentley übernommen und stellte auch Flugzeugmotoren her. Rolls Royce gelang es, sich in der äußerst engen Marktnische für Luxuswagen zu behaupten und setzt bis heute Maßstäbe für Qualität und Zuverlässigkeit.

Die Werkhallen von Royce Ltd. in Manchester.

— 1921 —
Silver Ghost

Als 1907 der erste Silver Ghost erschien, hatten seine Schöpfer für ihn keinen anderen Namen als "Typ 40/50" vorgesehen. Doch die Geschichte wollte es, dass das dreizehnte Chassis eine Karosserie mit grauer Metalleffektlackierung und versilbertem Zubehör erhielt. Sofort hatte der Wagen den Beinamen „Silbergespenst" weg, den dann alle Modelle dieser Reihe erhielten. Dieses mit peinlichster Sorgfalt gebaute Auto, das später zum „besten Auto der Welt" gekürt wurde, begann nun seine sagenhafte Laufbahn.

Das ausgestellte prachtvolle Landaulet, kreiert vom englischen Karossier Barker, ist eines der 8000 Stück, die im Laufe der erst 1926 eingestellten Produktion gefertigt wurden.

Gesetze gegen Automobile

Jedes Jahr treffen sich in England Oldtimer von vor 1904 zu einer Rallye von London nach Brighton. Damit wird an die Abschaffung der „Locomotive Acts" im Jahre 1896 erinnert. In der zweiten Hälfte des 19. Jahrhunderts waren pferdelose Wagen äußerst umstritten. Ihre Gegner setzten 1861 und 1865 die Verabschiedung sehr strenger Gesetze zur Regelung von deren Betrieb durch. Neben anderen Absurditäten untersagten die „Locomotive Acts" Motorfahrzeugen, sich auf die Straßen zu begeben, wenn ihnen nicht jemand eine rote Fahne schwenkend voranging. Bis diese rückständigen Gesetze 1896 abgeschafft wurden, war Autofahren auf britischen Straßen praktisch unmöglich.

— 1924 —
Silver Ghost

Technisch war der Silver Ghost nie ein Ausbund an Modernität. Doch dieser Mangel wurde durch die extrem sorgfältige Verarbeitung mehr als ausgeglichen. So lief der wunderbar verarbeitete Motor unglaublich leise. Der luxuriöse Wagen war nicht nur teuer in der Anschaffung, sondern blieb es auch anschließend: Er erforderte u. a. einen Chauffeur und eine speziell ausgestattete, geheizte Garage. Da Rolls Royce keine Karosserien lieferte, mußte sich der Käufer selbst einen Karosseriebauer suchen. Der Silver Ghost mit dem Kode 2319 stammt vom Karosseriebetrieb Barker, der schon im 18. Jahrhundert Karossen ans englische Königshaus lieferte.

Verwandlungen der Flügeldame

Die vom Bildhauer Charles Sykes 1911 geschaffene Kühlerfigur von Rolls Royce, „The Spirit of Ecstasy" oder prosaischer „The Flying Lady" genannt, stellt eine leichtgewandete Frau vor, die zu fliegen scheint. Den Käufern ist es im übrigen freigestellt, sie durch ein Emblem ihrer Wahl zu ersetzen. Ein amerikanischer Großmetzger z. B. zog eine silberne Wurst vor. Nur zwei dieser Abwandlungen fanden die Zustimmung von Rolls Royce. Eine davon schmückt den Kühler des Phantom IV von Königin Elizabeth II. und stellt den hl. Georg dar, wie er den Drachen tötet.

— 1928 —
Phantom I

Das dritte Rolls-Royce-Modell, der Phantom I, der bis zur Einführung des Phantom II auch „New Phantom" hieß, wurde von 1925 bis 1929 produziert. Getreu seinem Ruf hatte der Hersteller ein Fahrzeug geschaffen, das keinem anderen ähnelte. Der Phantom I übernahm Chassis und Fahrwerk des Silver Ghost, doch sein Motor war erheblich modernisiert. Wie die anderen Modelle war er perfekt verarbeitet. Rolls Royce hatte denn auch ein solches Vertrauen zur eigenen Fertigungsqualität, daß Käufern eine dreijährige Vollgarantie angeboten wurde. Die Limousine mit der Kodezahl 2318 wurde von Binder karossiert, einem der Großen des französischen Karosseriebaus.

Reicher Knauser

Charles Rolls, Mitgründer einer der teuersten Automarken der Welt, galt als sehr geizig.
Er entstammte einer begüterten Familie und lebte in einem Haus mit 450 Bediensteten; es fehlte ihm an nichts. Dennoch wird erzählt, daß er so gut wie nie im Restaurant aß, außer natürlich, wenn er eingeladen war, und er tat, als zöge er seiner Gesundheit wegen ganz einfache Mahlzeiten vor. Ebenso reiste er im dem Zug immer zweiter Klasse. Seine übertriebene Sparsamkeit hinderte Charles Rolls jedoch nicht, einen umwerfenden Humor an den Tag zu legen.

— 1938 —
Phantom III

Der Phantom III ist das erste nach dem Tod von Sir Henry Royce hergestellte Modell. Trotz seines Namens unterschied es sich radikal von den früheren Phantoms. Zwei wichtige Innovationen wies es auf: Einzelradaufhängung vorn und einen V-Zwölfzylinder, mit dem der 2700 kg schwere Wagen über 150 km/h erreichte. Als Prunkkarosse schlechthin war der Phantom III ganz auf allerhöchsten Insassenkomfort ausgelegt. Sein Kaufpreis entsprach seinen Qualitäten, denn schon die Grundversion war das teuerste Auto des britischen Marktes. Dennoch wurde er von 1935 bis 1939 in 710 Exemplaren produziert.

Kommunikativer Enthusiasmus

Im November 1997 trafen sieben Engländer, Mitglieder des Rolls Royce Enthusiasts' Club, angeführt von Eri Heilijgers und David Evans mit Koffern und Werkzeugtaschen in Mulhouse ein. Die Reise machten sie auf Einladung des Museumsdirektors, um einige der 16 Rolls Royce der Sammlung wieder in Gang zu bringen. In zwei Teams nahmen sie sich einen Silver Ghost von 1924 und einen Phantom III von 1936 vor. Nach einer Woche angestrengter Arbeit konnten Besucher mit gleichem Enthusiasmus wie unsere freundlichen Engländer die beiden ehrwürdigen Autoveteranen auf dem Hof des Museums wieder erste Runden drehen sehen.

— 1958 —
Silver Cloud

Der 1955 präsentierte Silver Cloud (Silberwolke) fiel durch sportliche Qualitäten und klare Linienführung auf. Rolls Royce bot für diesen Wagen nämlich werksseitig eine Karosserie mit sehr ausgewogenen Proportionen an. Das im Museum ausgestellte Modell allerdings wurde durch den Karosserieschneider Hooper eingekleidet. Dessen 1805 gegründete Karosseriefirma war lange Hoflieferant der Könige von England. Doch auch der Schah des Iran, der Kaiser von Japan und der spanische Königshof zählten zu ihren Kunden. Letztes Werk von Hooper vor der Schließung seiner Werkstätten war die Karosserie des hier ausgestellten Silver Cloud; sie wurde auf dem Eleganzwettbewerb 1959 in Brighton ausgezeichnet.

Die Rolls Royce Chauffeur's School

Rolls-Royce-Chauffeur wird man nicht ohne Weiteres. Denn der Anwärter muss eine spezielle Ausbildung absolvieren, woraufhin er ein Diplom erhält, den „Road Report". Die Kurse behandeln so unterschiedliche Themen wie die Kunst, einer Entführung oder einem Attentat zu entgehen, die Methode, mitten in der Sahara einen Ölfilter zu wechseln, oder grundlegende Höflichkeitsregeln. Anschließend wird der Chauffeurlehrling in 21 Fächern geprüft, die vom Anfahren bis zur Reaktionsfähigkeit reichen. Zum Schluss hat er mit einem Rolls Royce 50 000 km zurückzulegen; ist das Auto danach wie neu, wird er in eine Zunft aufgenommen, die seit 1919 etwa 5000 Chauffeure „inthronisiert" hat.

— Führerschein —

Um 1900 erhielt man in Frankreich die Erlaubnis zum Führen eines Kraftfahrzeugs bei der Bergbauabteilung des Bauministeriums. Der Bewerber reichte einen Antrag mit Steuermarke ein, dann wurde er aufgefordert, in dem Auto vorzufahren, für das er die Fahrerlaubnis beantragte. Der mit solchen Gefährten wenig vertraute Bergbauingenieur sah sich von weitem an, wie das Auto herumfuhr. Ein paar Tage später erhielt der Bewerber seine Genehmigung, die ihn zum Chauffeur eines ausdrücklich bezeichneten Fahrzeugs machte.

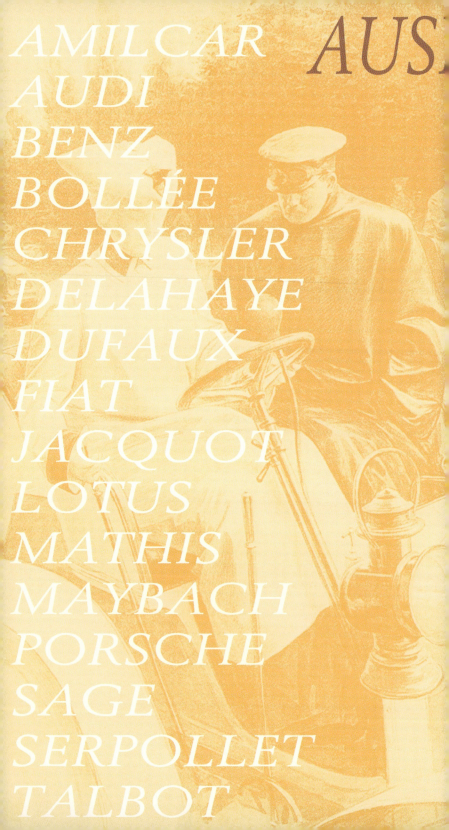

AHMEAUTOS

16 außergewöhnliche Marken

~~~

Diese weniger bekannten oder in der Sammlung der 500 Traumwagen weniger vertretenen Marken verdienen ebenfalls Ihre Aufmerksamkeit! Im Folgenden eine Auswahl von 16 Wagen, bei der jeder auf seine Kosten kommt, sei er Liebhaber von Oldtimern, von Sportwagen, Prestigefahrzeugen oder etwas verrückter Gefährte. Manche dieser Wagen haben die Automobilgeschichte mitgeprägt, andere zeichneten sich in Rennen aus, wieder andere sind Beispiele einer erstaunlichen Restaurierungsarbeit, bei der u. U. externe Partner mitwirkten. Geschichten von Autoliebe ...

Erste Fahrstunde.

— 1926 —
AMILCAR CO

Dieser kleine Hersteller aus Saint-Denis, der Wiege des Automobilbaus im Pariser Raum, war wohlbekannt für seine renntauglichen Kleinwagen. Ohne sich mit den etablierten Herstellern von Grand-Prix-Rennwagen wie Bugatti oder Ballot messen zu wollen, hatten die Firmengründer Lamy und Akar (aus den Buchstaben von beider Namen wurde der Markenname gebildet) keine Hemmungen, immer leistungsstärkere Wagen zu bauen. Davon zeugt dieser Typ CO, ein wahrer Bolide, dessen 1100 cm^3 kleiner Sechszylinder fast 110 PS entwickelte. 1947 (24 Jahre nach seiner Markteinführung!) gewann Maurice Trintignant beim Grand Prix von Avignon mit diesem Wagen sein erstes Rennen.

Sie nannten ihn „Mäuseköttel"

Begonnen hatte Maurice Trintignant seine Karriere mit einem Bugatti und wurde später auch Werksfahrer dieser Marke. Nach einem verlorenen Rennen erklärte der für seine Durchtriebenheit, aber auch für seine große Fairness bekannte Rennfahrer seinem Freund Jean-Pierre Wimille, sein Vergaser habe Aussetzer verursacht. Als Wimille die Ursache des Problems erfahren wollte, meinte Trintignant in provençalischem Dialekt: „Das sind Pétoules!" Wimille, verblüfft: „Was sind denn Pétoules?" und Maurice übersetzte: „Mäuseköttel!" Seine Benzinleitung war tatsächlich durch Mäusekot verstopft ... Seitdem nannte Wimille seinen Freund „Pétoulet", und dieser Spitzname blieb ihm auf allen Rennstrecken.

— 1924 —
AUDI E 21/78

Nach mehrjähriger Unterbrechung durch den Ersten Weltkrieg legte der Firmengründer, der deutsche Industrielle August Horch, eine neue Serie schwerer Audis auf. Der Typ E illustriert sehr schön die in der Geschichte der Automobilindustrie geläufige Praxis, Elemente einer schon etwas überholten Konzeption neu zu verwenden. Mit seinem von früheren, leichteren Modellen übernommenen Chassis und seinem schweren 5,6-Liter-Vierzylindermotor wirkte dieses imposante Torpedo gegenüber moderneren Fahrzeugen wie ein rollender Anachronismus. Die schwere Karosserie reichte durch breite Klappsitze bequem für sechs Insassen.

Das zweite Leben eines Torpedo

Matte, aufgesprungene Lackierung, nicht zusammenpassende Reifen, zerrissene Sitzbezüge, fehlende Ausstattungselemente – dieses in Zwickau gebaute Fahrzeug war bei Eröffnung des Museums in tristem Zustand. Restauriert werden konnte es durch die aktive Hilfe, die Dr. Ferdinand Piëch zusagte, damals Technischer Direktor von Audi-Volkswagen. Zwei Jahre dauerten die Arbeiten; die deutsche Firma übernahm die Karosserie, das Museum die Mechanik. Bei der Suche nach Dokumenten erfuhr man, dass das äußerst seltene Fahrzeug seine aktive Laufbahn als Feuerwehrhilfsfahrzeug in einer Fabrik der früheren DDR beendet hatte. Nach vollständiger Renovierung, bei der experimentelle Methoden zur Instandsetzung mechanischer Teile eingesetzt wurden, ist es jetzt wieder völlig fahrbereit.

— 1893 —
BENZ Viktoria

Wie viele geniale Erfinder war Carl Benz ein Nonkonformist. Deswegen baute er eines schönen Tages des Jahres 1892 einen selbstkonstruierten 1700-cm³-Einzylindermotor in eine Kalesche des Typs Viktoria ein. Nach Überwindung der Fehlschläge und Schwierigkeiten der ersten Tests erwies sich die Wahl als ausgezeichnet. Anders als Daimler, der seinen Motor senkrecht in der Mitte seines Dog-Cart angeordnet hatte, wodurch sich die Auf- und Abbewegung der Kolben stoßweise auf den Wagen übertrug, baute Benz den seinen horizontal und hinten ein: Die Vibrationen wurden so von der Fahrzeugstruktur absorbiert, die für eine der damals elastischsten und komfortabelsten Pferdekutschen ausgelegt war.

Die Reise der Berta Benz

Benz war einer der allerersten Automobilhersteller. Mit anderen Gesellschaftern zusammen gründete er zuerst eine Firma, die Motoren herstellte und vertrieb. Seine Freizeit verbrachte er mit dem Bau von Dreiradautos. 1888 machte er zur Verbesserung seines Autos zahlreiche Probefahrten um Mannheim herum, wagte sich aber nicht auf Fernstraßen. Doch seine Frau Berta und ihre beiden Söhne, 13 und 15 Jahre alt, „liehen" sich den Wagen heimlich aus, um Bertas Familie in Pforzheim zu besuchen. Der ältere Sohn steuerte, seine Mutter saß daneben und der kleine Bruder auf dem Sitz gegenüber, da es sich um einen Vis-à-Vis handelte. Dies war das allererste Mal, dass ein benzinmotorgetriebenes Fahrzeug von einer Stadt zu einer anderen fuhr. Leider wird nicht berichtet, was hinterher der Ehegatte und Vater dazu sagte ...

—1896—
BOLLEE Tricar

Der einer Industriellenfamilie entstammende Léon Bollée führte das Werk seines Vaters Amédée fort. Dieser Gießereiunternehmer aus Le Mans hatte ab 1875 eine Reihe Dampffahrzeuge gebaut, deren Namen ihren Platz in der Urgeschichte des Automobils haben: „Die Gehorsame", „Die aus Le Mans", „Die Schnelle" und „Die Neue". Sein Sohn konzentrierte sich auf die Fertigung normaler Autos. Anfangs aber wurde er bekannt durch ein seltsames, „Tricar" genanntes Fahrzeug. Dieses Dreirad wurde über einen Treibriemen von einem 650-cm^3-Motor angetrieben, der am Hinterrad eingebaut war. Der Beifahrer saß vor dem Fahrer in Fahrtrichtung, was nicht ungefährlich war. Daher sicherlich der Beiname „Schwiegermuttersitz" ...

Der Apfel fällt nicht weit ...

In der Walhalla der vergessenen Pioniere des Automobils verdient die Familie Bollée einen Ehrenplatz. Zunächst Amédée senior, seines Zeichens Glockengießer, der sich sehr früh der Frage „pferdeloser Wagen" annahm. Schon 1873 baute er sein erstes Dampfauto, die „Gehorsame" („l'Obéissante"), und fuhr damit von Le Mans bis Paris – wobei er unterwegs über 75 polizeiliche Verwarnungen bekam! Später dann Amédée junior und Léon Bollée, die in die väterlichen Fußstapfen traten und gleichfalls Autos herstellten. Das von Léon konstruierte Dreirad fuhr ebenfalls die Strecke Le Mans-Paris – in nur 7 Stunden, d. h. mit einem Schnitt von 30 km/h. Später stellte er mit 60 km/h einen Rekord auf.

— 1979 —
CHRYSLER New Yorker

Die Ölkrise von 1974 brachte eine Wende in der Automobilgeschichte: Man wurde sich der Möglichkeit einer Ölverknappung bewusst und die Autohersteller der ganzen Welt mussten Leistung und Verbrauch ihrer Fahrzeuge verringern. Die US-Firmen waren wegen der relativen Unabhängigkeit des Landes im Energiebereich weniger betroffen. Manche bauten weiter Autos, wie sie dem US-Standard entsprachen: riesige Karosserien, große, schluckfreudige Motoren und energieverbrauchende Automatiken. So präsentierte Chrysler 1979 als Mittelklassewagen diesen sehr komfortablen New Yorker, der spielend 25 Liter auf 100 km verbrauchte ... Dem Museum wurde der Wagen 1988 von Frau Dach aus Forbach geschenkt.

Mr. Seldens sinnreiches Patent

Der 1846 in Clarkson/USA geborene Mr. Selden hatte eines Morgens eine Erleuchtung: Er reichte ein Patent für ein „Fahrzeug mit Motor und allen für dessen Funktionieren nötigen Elementen" ein – eine Definition, die auf jedes Automobil zutrifft. Selden erklärte außerdem, er habe selber ein Auto gebaut, und ließ es sich 1895 patentieren. Durch dieses trickreiche System brachte ihm jedes in den USA verkaufte Auto Tantiemen ein. Zu seinem Pech weigerte sich Henry Ford zu zahlen und strengte einen Prozess an, der acht Jahre dauern sollte. Am Ende erreichte Ford die Anullierung des Patents, womit zugleich auch alle anderen US-Hersteller aufatmen konnten.

— 1949 —
DELAHAYE 135 M

Als Emile Delahaye 1905 starb, hinterließ er sein Unternehmen dem Elsässer Charles Weiffenbach, unter dem es durch den Bau zuverlässiger und schneller Qualitätsautos prosperierte. Eins der Glanzstücke war der durch einen 3557-cm³-Sechszylinder angetriebene Typ 135. Ab 1935 entstanden davon mehrere Versionen, darunter der Rennwagen 135 MS, der 1938 die 24 Stunden von Le Mans gewann. Das 135er Chassis wurde nach dem Krieg beibehalten und die berühmtesten französischen Karosserieschneider durften es einkleiden. Der Delahaye-Zweitürer des Museums, ein Geschenk von Frau Dina Marine aus Carmel (Kalifornien), trägt eine sehr gelungene Karosserie von Antem.

Irrfahrt über den Ozean

Le Havre, 25. Oktober 1951. Die jungvermählten Marines schiffen sich mit ihrem neuen, auf dem Pariser Autosalon 1948 gekauften Delahaye nach New York ein. Für den Transport des Autos haben sie für 400 Dollar eine Schiffskarte erworben, Rückfrachtdatum „open". Der Delahaye bringt die Marines von New York bis San Francisco, wo sie sich im Lande zu bleiben entschließen. 1986 will die inzwischen verwitwete Mrs. Marine den Delahaye dem Museum schenken, nachdem es in Peeble Beach dessen beide Bugatti Royales gesehen hat. Das Juwel von einem Auto ist seit 1955 nicht mehr gefahren und hat erst 40 000 km auf dem Tacho ... Und 35 Jahre nach Kauf der Schiffskarte erfüllt die Compagnie Générale Maritime die von der Compagnie Générale Transatlantique eingegangene Verpflichtung, den Delahaye nach Le Havre zurückzubringen.

— 1904 —
DUFAUX 100/120 PS

Die Karriere der Brüder Dufaux als Automobilhersteller war kurz, aber bemerkenswert. Charles und Frédéric aus Genf beschlossen, einen Sportwagen zu bauen, um damit 1904 am Gordon-Bennet-Pokalrennen teilzunehmen. Das Resultat war ein Ungetüm an Leistung. Der Achtzylinder des in fünf Exemplaren gebauten Zweisitzers holte 90 PS aus dem gewaltigen Hubraum von 12 761 cm^3. Das Gefährt erreichte 140 km/h: Die damaligen Fahrer liebten bereits starke Emotionen! Leider wurde der Wagen letztlich durch Sabotage am Starten gehindert. Das war das Ende der Ambitionen der Brüder Dufaux: Nach ihrem kurzen Ausflug in den Motorsport widmeten sie sich dem Bankgeschäft.

Der Gordon-Bennett-Pokal

Von der Zukunft des Autos war James Gordon-Bennet, Besitzer des New York Herald, fest überzeugt. Um ihr etwas nachzuhelfen, beschloss er 1899, ein internationales Rennen ins Leben zu rufen. Er verfasste ein Reglement, einen Aufnahmeantrag und Unterlagen, die er an die Automobilsportinstanzen verschiedener Länder schickte. Das erste Rennen ging 1900 von Paris nach Lyon ... mit fünf Teilnehmern, darunter drei Franzosen auf Panhard. 1903 in Irland fuhren schon zwölf Wagen mit, 1904 in Deutschland gar neunzehn. Hier wie auch 1905 gewann der Franzose Théry auf Richard Brasier. 1906 wurde der Gordon-Bennet-Pokal, erstes internationales Rennen mit genauem Reglement, zum Großen Preis (Grand Prix) von Frankreich.

FIAT 508 S
— 1936 —

Im Jahre 1932 kreierte Fiat den 508 „Balilla". Die Turiner Firma wollte einen für die breite Masse erschwinglichen Wagen bauen. Das geschah mit dem Balilla, der in Italien noch heute so berühmt ist wie in den USA der Ford T. Die sportliche Version, der 508 S, machte ebenso bei Straßen- wie bei Rundkursrennen auf sich aufmerksam und der kleine rote Bolide wurde rasch zu einem ernsthaften Rivalen der englischen Sportwagen wie MG und Singer. Das Chassis des 508 S gab es mit drei verschiedenen Karosserien. Die des Museums stammt von Ghia und hieß „Coppa d'Oro". Der Name verweist auf den ersten Sieg des Wagens bei der Italienrundfahrt 1934.

Die Fiat-Saga

Giovanni Agnelli hatte eigentlich eine militärische Karriere vor; seine Autoleidenschaft ließ ihn zu einem großen Industriekapitän werden. 1889 gründete er als 23-Jähriger die Fabbrica Italiana Automobili Torino, deren Initialien weltbekannt werden sollten. Das Werk war damals 10 000 m² groß und hatte 50 Arbeiter. Dreißig Jahre später beschäftigte es auf 24 Mio. m² rund 76 000 Mitarbeiter. Der glanzvolle Aufstieg war zum Teil dem Autorennsport zu verdanken. Denn Giovanni Agnelli war einer der ersten, die die möglichen Auswirkungen des Rennsports auf das Markenimage erkannten. Darum waren bis 1922 seine Wagen bei allen großen Rennen dabei, und zwar sehr erfolgreich.

— 1878 —
JACQUOT Break

Das Werk des Franzosen Nicolas Cugnot, der 1769 das erste Dampfautomobil zum Fahren brachte, wurde erst in England und dann in Frankreich fortgeführt. Dank der Arbeiten von Bollée und einer Fülle anderer Pioniere, deren Namen nicht alle vergessen sind, entstand eine neue Fahrzeuggeneration. So bestellte Dr. Jacquot, ein Arzt aus Chantilly, bei dem Schmied Barbier ein kleines, dampfgetriebenes Fahrzeug. Urtümliches und Modernes sind bei diesem Einzelexemplar seltsam vermengt; es ist wie eine kleine Lokomotive konstruiert: Der Kessel und die beiden Motoren sitzen vorn und durch Zahnräder und gelochte Treibriemen wird die Motorkraft auf die Hinterräder übertragen.

Urgeschichte des Automobils

Der erste Mensch, der die Idee zum Automobil hatte, war wohl Roger Bacon. Dieser englische Mönch und Gelehrte des 13. Jahrhunderts schrieb: „Eines Tages wird man Karren zu bauen vermögen, die sich bewegen und in Bewegung bleiben, ohne geschoben oder von einem Pferd oder irgendeinem Tier gezogen zu werden." Später setzten andere Visionäre wie Leonardo da Vinci oder Salomon de Cau die Forschungen zu diesem Thema fort. Doch das erste wirklich automobile (selbstfahrende) Fahrzeug war der 1769 von Nicolas Joseph Cugnot gebaute „Fardier" (Schwerlastwagen), ein gewaltiger Holzkarren mit Dampfmaschine. Indem er damit gegen eine Mauer fuhr, „erfand" Cugnot gleich auch den Autounfall ...

— 1963 —
LOTUS 33

Nachdem er sich durch alle Kategorien hochgearbeitet hatte, erreichte Colin Chapman 1961 die oberste Klasse, die Formel 1. Schon 1963 war er in der Lage, einen Boliden einzusetzen, mit dem dessen Fahrer Jim Clark Weltmeister wurde. Der 25, dem 1964 der 33 folgte, war der erste F1-Rennwagen in Schalenbauweise und deklassierte die konventioneller konstruierten Konkurrenzmodelle. Außer der Chassiskonzeption, die sich bei den modernsten Techniken des Flugzeugbaus inspirierte, hatte der Lotus einen leistungsstarken Motor und vor allem einen der größten Fahrer seiner Zeit. Den Lotus von Jim Clark übernahm später der schwedische Rennfahrer Jo Bonnier, der ihn für den Film „Grand-Prix" an John Frankenheimer auslieh.

Vergangene Größe

Heute ist es wegen seiner Alltäglichkeit zu Statistenrollen verdammt, doch in seiner Jugend war das Auto ein echter Filmstar. Die erste Hauptrolle hatte es in der „Fernfahrt Paris-Monte Carlo im Automobil", einem Film von Georges Méliès von 1905. Bald wurde es zum Filmkomiker und verursachte in den Händen von Komparsen wie Buster Keaton, Charly Chaplin oder Laurel und Hardy so manche Katastrophe. Dann wurde es zum Verführungssymbol und Begleiter von Stars, während es in Krimis als Freund und Helfer von Polizei und Gangstern auftrat, die sich obligatorische, aber oft unvergessliche Verfolgungsjagden lieferten.

— 1924 —
MATHIS P

Im Jahre 1921 präsentierte Mathis den 6 HP oder Typ P. Obwohl seine Technik höherer Klassen würdig war, wurde dieser Kleinwagen in die „Cyclecar"-Klasse eingeordnet, um deren Steuervorteile zu genießen; in den 20er Jahren waren Cyclecars, bei denen sich Auto- und Motorradtechnik mischten, sehr in Mode und sie durften 350 kg Gewicht und 1100 cm^3 Hubraum nicht überschreiten. Der Mathis trat in direkte Konkurrenz mit dem Citroën 5 HP und war einer der besten Wagen seiner Klasse. 1922 stellte er mit 2,38 Liter auf 100 km sogar einen Verbrauchsrekord auf. Im selben Jahr warb Mathis mit dem berühmten Slogan: „Unser Feind ist das Gewicht!"

Elsässische Trilogie

Unter den Herstellern, die ihre Werke im Elsass errichteten, sind drei große Namen des französischen Automobilbaus. Erstens Émile Mathis, der mit Ettore Bugatti schon 1904 ein Auto anbot. Die Firma in Straßburg wurde zwischen den Weltkriegen viertgrößter französischer Automobilhersteller. Vom Zweiten Weltkrieg und der schwierigen Nachkriegszeit erholte sich Mathis leider nicht und Anfang der 50er verschwand die Marke. In der Zwischenzeit hatte sich Bugatti in Molsheim, dicht bei Straßburg, selbständig gemacht. Nach dem Verschwinden dieser beiden Hersteller wurde die Pkw-Herstellung 1961 mit der Eröffnung des Peugeot-Werks in Mulhouse wieder aufgenommen, das bald zum zweitgrößten Standort der Firma wurde.

— 1934 —
MAYBACH DS 8

Nachdem er 1907 Daimler verlassen hatte, gründete Wilhelm Maybach mit Graf Zeppelin eine neue Firma. Die beiden Männer vertrieben Flugzeug-, Luftschiff- und bald auch Automotoren, sämtlich von Wilhelm Maybachs Sohn Karl konstruiert. 1921 entschloß sich Maybach zur Gründung einer eigenen Autofirma und unternahm den Bau der schönen Luxuswagen DS 6, 7 und 8 mit robusten, starken V-Zwölfzylindern. Alles war hervorragend verarbeitet in diesen Modellen, die vollgestopft waren mit Fahrhilfe- und Komforteinrichtungen, z. B. einer Warmwasserheizung für die Füße der Fondpassagiere ...

Meister und Meisterschüler

Wilhelm Maybach zählt neben Benz, Daimler und Otto zu den deutschen Pionieren des Automobilbaus. Gottlieb Daimler übrigens bildete ihn in Mechanik aus. Als Daimler 1872 technischer Leiter bei Deutz wurde, versäumte er nicht, sich die Mitarbeit seines Schülers zu sichern. Zehn Jahre darauf verließen beide Deutz, um sich der Entwicklung des Benzinmotors zu widmen. Nach Daimlers Tod arbeitete Maybach bis 1907 weiter für das Unternehmen, das nun den Mercedes baute. Dann gründete er seine eigene Firma. Ironie der Geschichte: Inzwischen ist Maybach – umbenannt in MTU – in den Daimler-Benz-Konzern „heimgekehrt".

— 1968 —
PORSCHE 908 LH

Die berühmten Boliden der Stuttgarter Firma stammen alle in direkter Linie vom VW-Käfer ab. Denn seine Sportwagenreihe entwickelte Ferdinand Porsches Sohn Ferry ausgehend von einer Coupé-Version des Volkswagens. Seine Politik der ständigen Verbesserung schuf allmählich eine eigene Markenidentität, unterstützt durch unzählige Rennerfolge. Kein Sieg fehlt mehr in der Porsche-Liste, aber endgültig setzte sich die Marke in Le Mans durch, wo sie 1970 mit Herrmann/Atwood den ersten Gesamtsieg schaffte. Der 908 des Museums wurde 1968 und 1972 Dritter. Außerdem fuhr ihn Steve McQueen in dem Film „Le Mans".

Siegreiche Porsches

Ab 1950 ließ Porsche Wagen in Rennen starten und Erfolge sammeln. Der Sieg im 24-Stunden-Rennen von Le Mans in der 1100-cm³-Klasse im folgenden Jahr war der erste einer langen Serie Erfolge auf diesem Rennkurs. 1952 richtete Ferry Porsche eine Rennabteilung ein. Im gleichen Jahr entwickelte der Ingenieur Ernst Fuhrmann einen Vierzylindermotor, der in einen Spider eingebaut wurde; sowie ein paar Abstimmungsprobleme geregelt waren, wurde dieser Wagen in seiner Klasse unschlagbar. Auch der 1955 entstandene berühmte Carrera ging in die Geschichte ein. Porsche brillierte zwar in den meisten Bereichen, konnte sich jedoch nie in der Formel 1 durchsetzen, außer als Motorenlieferant von McLaren.

— 1906 —
SAGE 24 HP

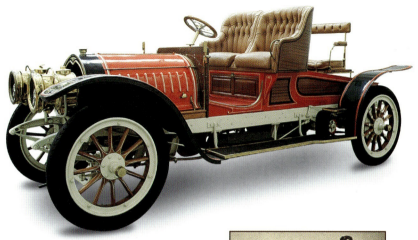

Das ausgestellte Fahrzeug ist das einzige erhaltene Exemplar dieser nur kurz existierenden Marke, die ihre Werkstätten in Paris hatte. Der Sage zählte zu den größten Automobilen seiner Zeit. Am interessantesten an diesem imposanten Gefährt ist, das es über drei verschiedene Karosserien verfügt, die von demselben Hersteller stammen. Die aufmontierte ist eine sportliche Version mit zwei Schalensitzen und viel Platz dahinter. Für sommerliche Spazierfahrten lässt sich auch eine Doppelphaeton-Karosserie mit Türchen im Heck auf das Chassis setzen. Und für die kühlere Jahreszeit ist eine geschlossene Karosserie vorgesehen, die den Sage in ein Stadtcoupé verwandelt.

Die beiden Paten des Französischen Automobilclubs

Auf Betreiben von Graf de Dion und Baron de Zuylen, beide begeisterte Tempo- und Motorsportfans, fand am 12. November 1895 die Gründungsversamlung des Automobile Club de France statt. Der Baron wurde zum Vorsitzenden gewählt und nahm bald am Pariser Place de la Concorde Quartier. Die Mitglieder – Sportsleute, Ingenieure, Gelehrte und Hersteller, denen die Entwicklung des Autos am Herzen lag – zählten zur gesellschaftlichen Elite. Doch der ACF teilte sich rasch in den „Kreis" und die Förderungsgesellschaft. 1911 veranlasste eine schwere Krise zwischen beiden Unterorganisationen den Austritt von Graf de Dion, der die Förderungsgesellschaft vertrat. Ab da dominierte die Arbeit des „Kreises".

— 1902 —
SERPOLLET H

Léon Serpollet, ein geschickter Handwerker aus Culloz im Departement Ain, glaubte sein ganzes Leben an die Dampfmaschine. Nicht ohne Grund: Seine Autos mit Sofortverdampfungskessel waren leistungsstark, schnell (sie erreichten 110 km/h), extrem zuverlässig – und leise. Ein Handikap war jedoch ihr stolzer Preis; den suchte Serpollet zu reduzieren, indem er den US-Mäzen F. Gardner gewann. Dank der frischen Kapitalzufuhr konnten Wagen des Typs H in großen Rennen wie Paris-Madrid oder Ardennen-Trophäe an den Start geschickt werden, und sie schlugen die Benzin-Konkurrenz auf deren eigenem Feld. Dennoch musste die in aussichtslosem Kampf allein dastehende Firma 1904 zumachen.

Der Kampf um den Dampf

Die ersten Dampfwagen funktionierten nach dem Prinzip des Dampfkochtopfs. Ihre Hauptnachteile waren geringe Reichweite – man musste oft Wasser nachfüllen – und die sehr lange Anheizzeit. Serpollet beseitigte sie, indem er die Sofortverdampfung erfand: Durch ein Heizschlangensystem verkürzte sich die Anheizzeit auf 10 Minuten; gleichzeitig vergrößerte ein Dampfkondensator die Reichweite seiner Fahrzeuge ganz erheblich. Doch im Ganzen konnten ihre Vorzüge die verbleibenden Nachteile nicht aufwiegen: Serpollets System war sehr komplex und schwer, brauchte viel Platz, war frostgefährdet und teuer. Ein Dampfwagenchauffeur bekam übrigens mehr Geld als seine Benziner-Kollegen, denn er wurde als Dampfmaschinentechniker bezahlt.

TALBOT 26 C
— 1948 —

Mit der Befreiung Frankreichs und der Rückkehr der französischen Rennställe in den Motorsport kam es zu recht eigentümlichen Startfeldern, in denen hubraumschwache, aber spritzige neue Rennwagen von Gordini oder Cisitalia gegen schwere Vorkriegsmodelle von Talbot, Delage oder Delahaye antraten. Talbot bemühte sich, weiter ganz vorn mitzufahren, und entwickelte eine Serie Renneinsitzer mit hervorragenden Sechszylindermotoren, die über 240 PS leisteten. Ab 1948 schickte das Werk mehrere Wagen des Typs 26 C in Grand-Prix-Rennen, in denen sie sich mit den gefürchteten schnellen und leichten Ferraris schlugen. Einer der beiden Rennwagen des Museums lag oft vorn, der andere ist nie gestartet: Er ist deshalb das einzige Exemplar in absolutem Originalzustand!

Veteranenrennen

Boliden der Vergangenheit verlassen manchmal ihren Altersruhesitz, um für ein paar Stunden den Zauber und die Emotionen der Autorennen von Früher aufleben zu lassen.
Bei VHC-Rennen (Véhicules Historiques de Compétition = Historische Wettbewerbsfahrzeuge) können Oldtimer- und Tempofanatiker beide Neigungen befriedigen. Es gibt vier Disziplinen: Bergrennen, Rundkursrennen, Rallyes und Langstreckenrennen. Die Wagen werden nach Fahrzeugklassen eingeteilt (Serien- oder Rennwagen, Prototyp usw.), aber auch nach ihrem Alter.
Und für die Fahrer ist genau wie für ihre modernen Kollegen eine Rennfahrerlizenz obligatorisch, wenn sie an solchen Rennen teilnehmen wollen.

Index der 74 im Buch vorgestellten Automobile

Marke	Typ	Anekdote	Seite
ALFA ROMEO		Durch ihren Weltruf gerettet	19
ALFA ROMEO	Typ 6C	Die ältesten Rennstrecken der Welt	20
ALFA ROMEO	Typ 8C 2,3l	Wer andern eine Grube gräbt	21
ALFA ROMEO	Typ v8C 2,9l	Rennleiter und Mädchen für alles	22
ALFA ROMEO	Typ 12C	Nuvolari, der fliegende Mantuaner	23
BUGATTI		Renntriumphe	25
BUGATTI	Typ 52	Autos für Kinder	26
BUGATTI	Typ 35 B	Das Vollblut mit 1851 Siegen	27
BUGATTI	Royale type 41	Eine Bildhauerfamilie	28
BUGATTI	Type 40	Temporekord in der Sahara	29
BUGATTI	Type 55	Die Sammlung Shakespeare	30
CITROEN		Wagemut und Innovation: Citroëns große Stärken	33
CITROEN	C5HP	Frauen am Steuer	34
CITROEN	Typ 11 B	Entstehung des „Traction"	35
CITROEN	2CV	Lastenheft des 2 CV	36
CITROEN	DS 23 Pallas	Die Auto-Journal-Affäre	37
DE DION-BOUTON		Erstaunliche Partnerschaft zwischen Marquis und Mechaniker	39
DE DION-BOUTON	Tricycle	Fahrende Verrückte in seltsamen Maschinen	40
DE DION-BOUTON	Populaire	„Kampf dem Staub!"	41
DE DION-BOUTON	Typ AW	Fernfahrt Peking-Paris	42
DE DION-BOUTON	Typ DH	Der erste Aumobilsalon	43
FERRARI		Rennpassion eines Testfahrers	45
FERRARI	Typ 212	Der Espadon-Rennstall	46
FERRARI	Typ 250 LM	Ferrari und die 24 Stunden von Le Mans	47
FERRARI	Typ 156 B	Big John Surtees	48
FERRARI	Typ 312 B	Erfindung der Grand-Prix-Rennen	49
FERRARI	Typ 250 GT	Die wunderbare Überraschung des Generals	50
GORDINI		Der „Hexer" oder Im Motorsport kam man um ihn nicht herum	53
GORDINI	Simca 5	Die zwei großen Lieben des Amédée Gordini	54
GORDINI	17S	Vollblutrennfahrerin Gilberte Thirion	55
GORDINI	26S	Entstehung des „Gorde"	56
HISPANO SUIZA		Es begann in Barcelona	59
HISPANO SUIZA	Typ Alphonse XIII	Die goldene Zeit der Karosserien	60
HISPANO SUIZA	H6B	Gewagte Wette	61
HISPANO SUIZA	Typ J12	Das Fliegeras und sein Storch	62
HISPANO SUIZA	Typ K6	Vom Himmel auf die Erde	63
MASERATI		Große Geschichte einer kleinen Zündkerzenfabrik	65
MASERATI	Typ 2000	Nach der Rennkarriere das Gnadenbrot	66
MASERATI	Typ 8CM	„Gentleman Driver" Philippe Etancelin	77
MASERATI	Typ 300S	Ist das noch vernünftig?	78
MASERATI	Typ 250F	Der Trick mit dem Sog	79
MERCEDES		Hochzeit zu dritt	81
MERCEDES	Typ 28/50	Zahlen und Buchstaben	82
MERCEDES	Typ 28/95	Rechts? Nein, links!	83
MERCEDES	Typ 170 H	Entwürfe zum „Käfer"	84

Marke	Typ	Anekdote	Seite
MERCEDES	Typ W125	Der Fahrer mit dem gebrochenen Finger	85
MERCEDES	Typ 300SL	Die Katastrophe von Le Mans	86
PANHARD & LEVASSOR		Die Firma, die einst die Automobilindustrie begründete	89
PANHARD & LEVASSOR	Typ A1	Eine Frau geht ihren Weg	90
PANHARD & LEVASSOR	Typ X5	Das „Necessaire" des perfekten Autofahrers von 1904	91
PANHARD & LEVASSOR	35CV	Jahrhundert der Rekorde	92
PANHARD & LEVASSOR	Dynavia	Stromlinienformen	93
PANHARD & LEVASSOR	Dyna Z1	Eine weltweit einzigartige Sammlung	94
PEUGEOT		Vom Dampfdreirad zum PSA-Konzern	97
PEUGEOT	Typ 8	Wie tolle Hunde ...	98
PEUGEOT	BB	Und es ward Licht!	99
PEUGEOT	Typ 146	Der Peugeot-Löwe	100
PEUGEOT	202	Rechenkünste	101
PEUGEOT	404	Karossier der Könige	102
RENAULT		Die Gebrüder Renault oder Geschichte eines Imperiums	105
RENAULT	Typ AG1	Die Marnetaxis	106
RENAULT	Typ EU	Die Geschicke der Renaults	107
RENAULT	Typ 40 CV	Wenn Autos Geschichte machen	108
RENAULT	Typ 4CV	Falsches Preisausschreiben	109
RENAULT	Typ R16	Wenn Billancourt sich erkältet ...	110
ROLLS ROYCE		Die Begegnung zwischen Charles und Henry	113
ROLLS ROYCE	Silver Ghost	Gesetze gegen Automobile	114
ROLLS ROYCE	Silver Ghost	Verwandlungen der Flügeldame	115
ROLLS ROYCE	Phantom I	Reicher Knauser	116
ROLLS ROYCE	Phantom III	Kommunikativer Enthusiasmus	117
ROLLS ROYCE	Silver Cloud	Die Rolls Royce Chauffeur's School	118
AUSNAHMEAUTOS			121
AMILCAR	Typ CO	Sie nannten ihn „Mäuseköttel"	122
AUDI	Typ E 21/78	Das zweite Leben eines Torpedo	123
BENZ	Viktoria	Die Reise der Berta Benz	124
BOLLEE	Tricar Biplace	Der Apfel fällt nicht weit ...	125
CHRYSLER	„New Yorker"	Mr. Seldens sinnreiches Patent	126
DELAHAYE	Typ 135 M	Irrfahrt über den Ozean	127
DUFAUX	Typ 100/120 PS	Der Gordon-Bennett-Pokal	128
FIAT	Typ 508S	Die Fiat-Saga	129
JACQUOT	Dampfwagen	Urgeschichte des Automobils	130
LOTUS	Type 33	Vergangene Größe	131
MATHIS	Typ P	Elsässische Trilogie	132
MAYBACH	Typ DS8	Meister und Meisterschüler	133
PORSCHE	Typ 908 LH	Siegreiche Porsches	134
SAGE	24HP	Die beiden Paten des Französischen Automobilclubs	135
SERPOLLET	Typ H	Der Kampf um den Dampf	136
TALBOT	Typ 26C	Veteranenrennen	137

Sie können einer der Freunde des größten Automuseums der Welt werden

Förderung des Museums und seines einmaligen Kulturprojekts, in der Autowelt des 21. Jahrhunderts einen Referenzpunkt zu bilden, ist der Sinn der Association Internationale des Amis du Musée de l'Automobile (Internationaler Freundeskreis des Automobilmuseums). Dieser Verein sucht die Entwicklung des größten Automuseums der Welt zu unterstützen und möchte möglichst viele Autofreunde und -fans zu seinen Mitgliedern zählen. Das Museum steht nämlich gerade in einer wichtigen Weiterentwicklungsphase, in der jeder etwas beitragen kann; durch das neue Präsentations- und Architekturprojekt wird es zu einer kulturellen Einrichtung ersten Ranges: Museum, aber zugleich Anziehungspunkt für den internationalen Tourismus, wissenschaftlich-technisches Informationszentrum und ein Raum für Öffentlichkeitsarbeit von Unternehmen. Durch Ihren Beitritt zum Verein können Sie diese Entwicklung des Museums begleiten.

Beitrittserklärung zur Association Internationale des Amis du Musée

Name: Vorname:

Einrichtung/Firma:

Beruf: Telefon:

Vollständige Anschrift:

❏ **JA**, ich möchte dem Verein beitreten als
    ❏ aktives Mitglied: 250 F
    ❏ Spender oder Unternehmen: ab 1 000 F
    ❏ Verein oder Club: 500 F

❏ Ich interessiere mich besonders für:
    ❏ die Sammlung
    ❏ Restaurierung
    ❏ Dokumentenforschung
    ❏ Arbeitsgruppen zu den Museumsaktionen
    ❏ Ich möchte vollständige Informationen zu den Vereinsstatuten und -zielen zugesandt bekommen

Beitrittserklärung bitte mit Verrechnungsscheck und Passfoto einsenden an:

Association Internationale des Amis du Musée de l'Automobile de Mulhouse
(gemeinnütziger Verein nach elsässisch-lothringischem Recht)

192, avenue de Colmar • F-68100 Mulhouse

Verlagstechnische Leitung der Originalausgabe
Patrick Garnier (Association pour la Gestion du Musée National de l'Automobile)

Vorliegende Ausgabe
Bruno Monnier (Culture Espaces)

Historische und Quellenforschung
Isabelle Riss (Musée National de l'Automobile de Mulhouse)

Betreuung und Koordination
Catherine Philibert (Belles Terres)

Redaktionelle Mitarbeit
Laurence Peltier, Guy-Patrick Azémar

Deutsche Übersetzung
Jörg Bendrat

Layout
Denis Willinger

Layouter deutsche Fassung
Harald Mourreau (Ogham)

Bibliographie und Quellen
Renault Magazine, April 1957
La Revue Sportive Illustrée, 1939
Automobiles Classiques, 1985
A History of Rolls Royce Motor Cars, 1903-1907 (Bd. I)
L'Auto-Journal
The History of Brooklands, 1906-1940
Christophorus (Porsche Magazine), November 1997
L'Année Automobile, 1957-1958 und 1971-1972
Maserati, 1926-1984
Wilhelm Maybach, Dezember 1979
Le roman de Renault, 1973
Rétroviseur, August 1997
Alfa Roméo History Museum, 1979
La Locomotion Moderne, 1951
La Vie Automobile, 1939
La France Automobile, 1906
Automobiles Renault, voitures d'autrefois, 1973
Revue Ferrari, 1983
Grand Album Illustré de l'Industrie Automobile, 1902
L'Illustration, Nr. 4012, 24. Januar 1920
L'Actualité Automobile, Nr. 184, Oktober 1936
Le fanatique de l'Automobile, Nr. 115, April 1978
La pratique Automobile, Nr. 38, Januar 1907, Nr. 18, März 1906
OMNIA, Nr. 15, April 1996
Histoire de la Locomotion Terrestre II

Präsentationsfotos der 74 Fahrzeuge
Olivier Leclerc, Marcel Mochet, Editions Gaud (S. 79, 133, 134),
Musée National de l'Automobile de Mulhouse

Übrige Fotos und Illustrationen
- KEYSTONE für L'Histoire de la Locomotion Terrestre II:
Umschlagsfotos, S. 17, 18, 24, 34, 38, 39, 40, 41, 43, 58, 59, 64, 67, 80, 81, 82, 83, 88, 96, 104, 105, 107, 112, 114, 120, 121, 124, 125, 128, 129, 130, 135, 136, für L'Illustration S. 108
- AUTOMOBILIA Maserati Catalogue raisonné S. 65
- L'Alsace • Foto der Brüder Schlumpf S. 8
- Museo Storico Alfa Romeo S.19
- Yves Debraine (Fangio auf Maserati S. 79)
- Dernières Nouvelles d'Alsace - 20. April 1964 (S. 30)
- Grand Prix de l'Age d'Or (S. 137)
- Bernard Cahier (S. 52)
- Stadtarchiv Heilbronn (S. 133)
- Auto Journal (S. 49)
- Musée Peugeot (S. 100)
- Rolls-Royce Motor Cars et Automobile Classique (S. 118)
- Automobiles de l'Ouest (S. 21, 44, 47, 48)
- Porsche (S. 134)
- Renault (S. 55, 106)
- Culture Espaces (S. 68 oben)
- Fovéa-Mulhouse (S. 68 Mitte)
- Photo François (S. 68 unten)

© Editions BELLES TERRES, 2000
Espace Européen de l'Entreprise • 24, avenue de l'Europe
BP 26 • F-67305 Strasbourg-Schiltigheim Cedex • Tel. (0033) 3 90 200 212

Musée National de l'Automobile - Collection Schlumpf

192, avenue de Colmar - BP 1096
F-68051 Mulhouse Cedex
Tel. (0033) 3 89 33 23 23 - Fax (0033) 3 89 32 08 09
Abt. Empfänge: Dany Thomen - (0033) 3 89 33 23 29
Abt. Gruppen: Christine Boudjatat - (0033) 3 89 33 23 21

Mitglieder des Trägervereins

Panhard & Levassor (PSA-Gruppe)
Stadt Mulhouse
Industrie und Handelskamer Mulhouse
Departementalrat Haut-Rhin
Regionalrat Elsass
Komitee des Pariser Automobilsalons (Mondial de l'Automobile)
Automobile Club de France (ACF)
Diese Partner des Museums haben das zum Ankauf der ursprünglichen Sammlung
im Jahre 1981 erforderliche Kapital beigesteuert, d. h. 44 Mio. Franc.

Mitglieder des Vereins für den Betrieb des Museums

Statdt Mulhouse
Departementalrat Haut-Rhin
Tourismusverband des Departements
Aktionskomitee für wirtschaftlich-sozialen Fortschritt Haut-Rhin (CAHR)
Touristikbüro Mulhouse
Verband der Museum für Gewerbe und Technik Mulhouse (CESTIM)
Diese Partner des Museums unterstützen über diesen gemeinnützigen Verein nach
elsässisch-lothringischem Recht seine Betriebsführung und seine Entwicklung.

Büro der Museumsvereine

192, avenue de Colmar
F-68100 Mulhouse
Tel. (0033) 3 89 33 55 44 - Fax (0033) 3 89 33 55 45

Betriebsführung des Museums

Culture Espaces s.a.
153, boulevard Haussmann
F-75008 Paris
Tel. (0033) 1 53 77 66 00

© Editions Belles Terres
Espace Européen de l'Entreprise • 24, avenue de l'Europe
BP 26 • F-67305 Strasbourg-Schiltigheim Cedex • Tel. (0033) 3 90 200 212

Druck: Imprimerie OTT
Juni 2000
Imprimé en France